V&R

Handlungskompetenz im Ausland

herausgegeben von
Alexander Thomas, Universität Regensburg

Vandenhoeck & Ruprecht

Tina Lechner
Alexander Thomas

Beruflich in der Schweiz

Trainingsprogramm für Manager,
Fach- und Führungskräfte

Vandenhoeck & Ruprecht

Mit 8 Cartoons von Jörg Plannerer.

Bibliografische Information der Deutschen Nationalbibliothek

Die Deutsche Nationalbibliothek verzeichnet diese Publikation in der Deutschen Nationalbibliografie; detaillierte bibliografische Daten sind im Internet über http://dnb.d-nb.de abrufbar.

ISBN 978-3-525-49150-8
ISBN 978-3-647-49150-9 (E-Book)

© 2011, Vandenhoeck & Ruprecht GmbH & Co. KG, Göttingen / Vandenhoeck & Ruprecht LLC, Oakville, CT, USA
www.v-r.de
Alle Rechte vorbehalten. Das Werk und seine Teile sind urheberrechtlich geschützt. Jede Verwertung in anderen als den gesetzlich zugelassenen Fällen bedarf der vorherigen schriftlichen Einwilligung des Verlages. Printed in Germany.
Satz: Satzspiegel, Nörten-Hardenberg
Druck und Bindung: CPI buchbücher.de, Birkach

Gedruckt auf alterungsbeständigem Papier.

Inhalt

Vorwort 7

Einführung in das Training 11
Zielsetzung und theoretischer Hintergrund 11
Entwicklung des Trainingsprogramms 14
Aufbau und Ablauf des Trainings 15
Weiterführende Hinweise zum Verständnis des
Trainingskonzepts 18

Themenbereich 1: Konsensorientierung 21
Beispiel 1: Die Optimierungsvorschläge 21
Beispiel 2: Die vertagte Entscheidung 25
Beispiel 3: Das neue Projekt 29

Kulturelle Verankerung von »Konsensorientierung« 33

Themenbereich 2: Schweizerdeutsch 37
Beispiel 4: Besser auf Hochdeutsch 37
Beispiel 5: Die Preisverhandlung 41

Kulturelle Verankerung von »Schweizerdeutsch« 45

Themenbereich 3: Gesicht wahren 49
Beispiel 6: Die harmlose Kritik 49
Beispiel 7: Die ewige Besprechung 53
Beispiel 8: Das Vertriebsmeeting 57

Kulturelle Verankerung von »Gesicht wahren« 60

Themenbereich 4: Etikette 63
Beispiel 9: Der Telefonanruf 63
Beispiel 10: Das private Gespräch 67
Beispiel 11: Die Mittagspause 70

Kulturelle Verankerung von »Etikette« 74

Themenbereich 5: Zurückhaltung 77
Beispiel 12: Die Einladung 77
Beispiel 13: Der neue Mercedes 81
Beispiel 14: Die Gebührenabrechnung 85
Kulturelle Verankerung von »Zurückhaltung« 88

Themenbereich 6: Wertschätzung 93
Beispiel 15: Der Betriebsrundgang 93
Beispiel 16: Der Zeitverzug 97
Beispiel 17: Die E-Mail 101
Kulturelle Verankerung von »Wertschätzung« 104

Themenbereich 7: Zuständigkeitsdenken 107
Beispiel 18: Die Rücksendung 107
Beispiel 19: Die Daten 110
Kulturelle Verankerung von »Zuständigkeitsdenken« 113

Themenbereich 8: Patriotismus 117
Beispiel 20: Die Fahne 117
Beispiel 21: Die Luftwaffe 120
Kulturelle Verankerung von »Patriotismus« 124

Kurze Charakterisierung der Schweizer Kulturstandards 127

Informationen zur Schweiz 131
Landeskunde 131
Geschichte 134
Politik und Wirtschaft 136
Leben in der Schweiz 138

Literaturempfehlungen 141

Literatur 143

▰ Vorwort

Globalisierung und Internationalisierung sind die Haupttendenzen in vielen Bereichen unseres Gesellschaftslebens. Nationale Grenzen werden überschritten und es bilden sich transnationale Wirtschaftsräume. Globales Denken und Handeln wird gefordert (Thomas, Kinast u. Schroll-Machl, 2003). Begegnen sich nun Personen unterschiedlicher kultureller Herkunft, kommt es jedoch häufig zu Missverständnissen. Das unterschiedliche Wahrnehmen und Bewerten von Situationen und das dazu gehörige unterschiedliche Handeln erschwert oder verhindert das Arbeiten im Team und das Erreichen gemeinsam gesetzter Ziele.

Deutschland ist fast neunmal so groß wie die Schweiz und hat mit rund 82 Millionen etwa elfmal so viele Einwohner wie die Schweiz. Die wohlhabende Schweiz ist ein attraktives Einwanderungsland und seit 2007 das wichtigste Auswanderungsland für Deutsche. Inzwischen leben über 250.000 Deutsche in der Schweiz und bilden damit nach den Italienern die größte ausländische Bevölkerungsgruppe. In der Wirtschaftsmetropole Zürich bilden die Deutschen mittlerweile sogar die mit Abstand größte Ausländergruppe. Besonders hoch liegt der Anteil Deutscher bei den Ärzten, den Ingenieuren, den Professoren an den Universitäten und Hochschulen und im Management. Daher zählen interkulturelle Kontakte zwischen Schweizern und Deutschen zum Alltagsleben. Für das Auswandern von Deutschen in die Schweiz gibt es gute Argumente: Das Wetter ist besser, die Alpen liegen vor der Haustür und die Sprache ist in vielen Regionen der Schweiz dieselbe wie in Deutschland. Überwiegend wird allerdings im Alltag einer der vielen schweizerdeutschen Dialekte gesprochen. Die Löhne sind sehr attraktiv und das Pro-Kopf-Einkommen macht die Schweiz zu einem Land mit einem hohen Einkommensniveau.

Betrachtet man nun die Wirtschaftsbeziehungen zwischen Deutschland und der Schweiz, so ist auffallend, dass sie sehr eng miteinander verflochten sind. Mit keinem anderen Land der Welt unterhält die Schweiz so intensive Beziehungen wie mit Deutschland, was ein breites und solides Fundament für die Gestaltung der Zusammenarbeit schafft. Deutschland ist für die Schweiz der bedeutendste Wirtschafts- und Handelspartner. Für Schweizer mittelständische Unternehmen ist Deutschland der wichtigste Ziel- und Einstiegsmarkt. Wie das Statistische Bundesamt mitteilt, sind die deutschen Ausfuhren in die Schweiz im ersten Halbjahr 2010 gegenüber dem gleichen Vorjahreszeitraum um 17,2 % auf 20 Milliarden Euro stark angestiegen. Die Einfuhren aus der Alpenrepublik erhöhten sich in der gleichen Periode um 13,8 % auf 16,2 Milliarden Euro. Mit dieser Entwicklung sicherte sich die Schweiz ihren Platz in der Top-10-Liste der Außenhandelspartner der Bundesrepublik Deutschland (Statistisches Bundesamt Deutschland). Zu den Hauptausfuhrgütern in die Schweiz zählten im ersten Halbjahr 2010 Maschinen im Wert von 2,5 Milliarden Euro, Kraftfahrzeuge im Wert von 1,9 Milliarden Euro sowie mineralische Brennstoffe für 1,7 Milliarden Euro. Eingeführt wurden vor allem Maschinen, pharmazeutische Erzeugnisse sowie Edelmetalle. Diese enge Verflechtung kommt nicht nur der Schweiz, sondern auch Deutschland zugute. So ist Deutschland Marktführer auf dem Schweizer Importmarkt.

Zu den intensiven Wirtschaftsbeziehungen trägt auch der Tourismus bei. Deutschland ist das am meisten besuchte Reiseziel der Schweizer, welche 2009 für fast vier Millionen Übernachtungen in Deutschland sorgten und damit nach den Niederländern und den US-Amerikanern den dritten Platz belegten. Umgekehrt bildeten die Deutschen mit über sechs Millionen Übernachtungen die größte ausländische Besuchergruppe in der Schweiz.

Derartig in geschäftliche und private Beziehungen Eingebundene benötigen eine ausreichende interkulturelle Kompetenz. Die Basis hierfür wird in diesem Trainingsprogramm vermittelt. Begegnungen zwischen Schweizern und Deutschen verlaufen nicht immer ohne Probleme. Da sowohl die Schweizer als auch die Deutschen ihr Verhalten als normal und selbstverständlich ansehen, können im Umgang mit Personen des fremden Kulturkreises leicht Missverständnisse entstehen. Die vermeintliche Nähe der beiden unterschiedlichen Kulturen löst oft erst Probleme aus. Je besser sich Deutsche auf die kulturellen Unterschiede zwischen Deutschland und der Schweiz vorbereiten und einstellen können, desto mehr Chancen werden sie haben, im Gastland erfolgreich zu handeln. Die beiden Nachbarländer haben sehr viele Gemeinsamkeiten, sogar dieselbe Sprache wird gesprochen, aber haben sie deshalb automatisch dieselbe Kultur?

Dieses Trainingsprogramm ist eine Vorbereitung auf den Aufenthalt in der Schweiz und wird Ihnen dabei helfen, bestimmte Schweizer Verhaltensweisen und Eigenschaften zu erkennen und leichter damit umgehen zu können. Sie werden die Schweizer Sichtweise verstehen lernen und sich so leichter und schneller an deren Lebensweise anpassen können.

Einführung in das Training

Zielsetzung und theoretischer Hintergrund

Der Schweizer Peter Bichsel (1997) schreibt: »Ich bin Schweizer. Wenn ich meiner Mutter sage: ›Ich gehe nach Deutschland‹ oder ›Ich gehe nach Frankreich‹ oder ›Ich gehe nach Schweden‹, dann sagt sie: ›Du gehst also ins Ausland.‹ Für die Schweizer gibt es zwei Welten: das Inland und das Ausland.«

Bei einem Land wie der Schweiz, einem direkten Nachbarn von Deutschland, erwarten viele Deutsche kaum kulturelle Differenzen. Besteht jedoch ein intensiverer Kontakt zwischen beiden Nationen, empfinden viele Deutsche die Zusammenarbeit mit Schweizern als kompliziert. So kann ein Führungs- oder Kommunikationsstil, wie er in Deutschland praktiziert wird, in der Schweiz auf großen Widerstand stoßen. Um den Anpassungsprozess an die Schweizer Kultur zu erleichtern, bietet dieses Trainingsprogramm erfolgreiche Handlungsstrategien und fundiertes Hintergrundwissen für deutsche Fach- und Führungskräfte, die in Zusammenarbeit mit Schweizer Geschäftspartnern, Kollegen und Mitarbeiter Ziele erreichen müssen.

Doch was bedeutet genau Kultur? Die eigene Kultur, die sich in spezifischen Symbolen wie Kleidung, Sprache, Gestik und Mimik zeigt, beeinflusst unser Wahrnehmen, Denken, Empfinden und Handeln. Jeder von uns ist es gewohnt, in seinem vertrauten Kulturkreis zu leben und sich darauf verlassen zu können, dass seine Sicht der Welt von den Mitmenschen verstanden, akzeptiert und geteilt wird. Während der gesamten Lebenszeit eines Menschen findet ein Sozialisationsprozess statt mit dem Ziel, die Welt so zu verstehen und so mit ihr umgehen zu können, wie es die Mitmenschen in der jeweiligen Kultur tun. Hat man diesen Prozess längere Zeit durchlaufen, weiß man, was zu tun und zu lassen ist, und bekommt Bestätigung oder Kritik von seinen Mitmenschen bei Nichteinhaltung der geltenden Regeln. Das zentrale Bedürfnis des Menschen ist es schließlich, sich in der Welt zurechtzufinden, wozu er ein Orientierungssystem benötigt. Jede Kultur hat ihr eigenes spezifisches Orientierungssystem, nach dem sich alle Mitglieder der Kultur verhalten. Die zentralen Merkmale eines kulturspezifischen Orientierungssystems und die Verhaltensbedingungen werden als Kulturstandards definiert. Sind die sozialen Lernprozesse erfolgreich verlaufen und die Denk-, Wahrnehmungs- und Verhaltensmuster, also die Kulturstandards, stark verinnerlicht, braucht man darüber nicht mehr nachzudenken und handelt intuitiv richtig (Thomas, 1996).

Doch wenn die Interaktionspartner aus einer anderen Kultur stammen, andere Werte und Regeln verfolgen, somit zwei unterschiedliche Orientierungssysteme aufeinandertreffen, spricht man von einer kulturellen Überschneidungssituation. Diese Situationen treten auf, wenn das Verhalten des jeweils anderen Interaktionspartners Bedeutung für einen selbst bekommt und dadurch wechselseitige Beziehungen zwischen dem Eigenen und dem Fremden entstehen. Es ergibt sich ein Raum zwischen dem Eigenkulturellen und dem Fremdkulturellen, der mal mehr vom Eigenen und mal mehr vom Fremden bestimmt wird. Das Eigene und das Fremde stehen also im ständigen Wechsel miteinander. In diesem Bereich wird viel Neues erfahren, was nicht eindeutig interpretiert werden kann. Die Folge sind kritische Interaktionssituationen, in denen meist beide Kommunikationspartner auf unerwartetes Verhalten stoßen, das sie nicht verstehen, weil es sich nicht aus ihren eigenen kulturellen Orientierungssystemen erschließen lässt. Am Anfang der interkulturellen Begegnung verhalten sich noch beide Partner entsprechend ihres eigenen kulturellen Orientierungssystems und wissen nicht, dass neben dem eigenkulturellen auch ein fremdkulturelles existiert. Daher wird das eigenkulturelle Orientierungssystem zur Interpretation des fremdkulturellen Verhaltens verwendet. Konsequenzen können Irritationen, Missverständnisse und negative Handlungsergebnisse sein. Solche Situationen werden häufig als Kulturschock bezeichnet und das Verhalten der Menschen der fremden Kultur wird als seltsam oder rätselhaft wahrgenommen (Thomas, 2003c).

In kulturellen Überschneidungssituationen ist daher ein interkulturelles Verhalten bzw. eine interkulturelle Handlungskompetenz notwendig, um erfolgreich miteinander interagieren zu können. Interkulturelle Handlungskompetenz ist keine Fähigkeit, die man besitzt oder nicht besitzt, sondern sie entwickelt sich in und aus dem Verlauf eines interkulturellen Begegnungs- und Erfahrungsprozesses. Die Kriterien, um interkulturelle Handlungskompetenz zu erreichen, sind interkulturelle Wahrnehmung, interkulturelles Lernen, interkulturelle Wertschätzung, interkulturelles Verstehen und interkulturelle Sensibilität (Thomas, 2003b).

Es ist dringend erforderlich, vorab die ungeschriebenen Gesetze der jeweiligen Fremdkultur, die Kulturstandards und ihre Wirksamkeit in der Zusammenarbeit, zu kennen. Sie gelten als Orientierungshilfe, um sich unerwartetes und fremdartig wirkendes Verhalten der Interaktionspartner erklären zu können und um zu erkennen, dass jeder Mensch ein eigenkulturelles Orientierungssystem hat, das in seiner Kultur als normal, selbstverständlich, typisch und verbindlich erachtet wird. Die Kenntnis der fremdkulturellen Kulturstandards stellt die Grundlage für Interaktionssituationen mit fremdkulturellen Partnern dar (Thomas, Kinast u. Schroll-Machl, 2003; Thomas, Kammhuber u. Schroll-Machl, 2003; Thomas, 2003b).

Dieses Training wurde entworfen, um Deutschen, die sich auf einen beruflichen Aufenthalt in der Schweiz vorbereiten wollen, Hinweise für den Umgang mit Schweizern zu geben.

Ziel dieses Trainings soll sein, dass Sie in interkulturellen Überschneidungssituationen mit Ihren Schweizer Partnern erfolgreich agieren, das heißt, dass Sie ein komplexes Verständnis für die Schweizer Kultur, für die Verhaltensweisen, Denkweisen und Bedürfnisse entwickeln. Wenn Sie Schweizer Verhaltensweisen und Denkmuster frühzeitig kennenlernen, das Verhalten der Schweizer richtig einzuschätzen wissen und verstehen können, wird Ihnen das die Eingewöhnung in der Schweiz wesentlich erleichtern (Thomas, 1993).

Das wissenschaftlich fundierte Training vermittelt Ihnen mit Hilfe der Kulturstandards auf kognitiver Ebene Wissen über die kulturellen Unterschiede zwischen Deutschland und der Schweiz, um so Ihre interkulturelle Handlungskompetenz auf- und auszubauen. Sie entwickeln so die Fähigkeit, das Verhalten Ihrer Schweizer Kommunikationspartner auf der Grundlage des Schweizer Orientierungssystems zu interpretieren.

Das Trainingsmaterial für die Schweiz entspricht in Aufbau und Durchführung den zahlreich publizierten, interkulturellen Trainingsprogrammen. Es existieren mittlerweile 35 Bände zur Handlungskompetenz im Ausland (z. B. Rubatos u. Thomas, 2011; Mayr u. Thomas, 2008).

Dieses Trainingsmaterial wurde aus intensiven Gesprächen mit deutschen Führungskräften, die bereits beruflich in der Schweiz tätig sind, entwickelt. Bikulturelle Experten haben das Interviewmaterial daraufhin analysiert, welche kulturspezifischen Einflussfaktoren das jeweilige Verhalten der Interaktionspartner bestimmen. Diese Erkenntnisse werden Ihnen in diesem Buch entsprechend der »Culture-Assimilator«- bzw. »Culture-Sensitizer-Methode« aufbereitet und als Trainingsprogramm angeboten, wodurch Sie Ihre interkulturelle Handlungskompetenz in der Zusammenarbeit mit Schweizern erheblich steigern können. Diese Trainingsform, typische Situationen und die damit zusammenhängenden Kulturstandards kennenzulernen, entspricht den modernen Erkenntnissen der Trainingsforschung und mit ihr sind als Selbstlernmittel sehr große Lernerfolge zu erzielen (Thomas, 1993).

■ Entwicklung des Trainingsprogramms

Das Trainingsmaterial wurde aus den Ergebnissen einer Forschungsarbeit zu Kulturunterschieden zwischen Deutschland und der Schweiz entwickelt. Dafür wurden zahlreiche Interviews mit deutschen Managern und Führungskräften aus unterschiedlichsten Positionen im Bereich Wirtschaft und Gesundheitswesen durchgeführt. Sie wurden nach ihren Erfahrungen bei der Zusammenarbeit mit Schweizern befragt, welche Probleme bzw. Schwierigkeiten immer wieder im Umgang mit ihren Schweizer Partnern aufgetaucht sind, welche ungeahnten Reaktionen sie bei ihren

Schweizer Partnern häufig erfahren haben und wie sie sich aus ihrer Sicht das fremde und unerwartete Verhalten erklärten. Die Erhebung dieser kritischen Interaktionssituationen ist eine notwendige Voraussetzung, um Schweizer Kulturstandards, die in der Interaktion zwischen deutschen und Schweizer Führungskräften handlungswirksam werden, ermitteln zu können (Albert, 1983). Die Kenntnis der fremden ebenso wie der eigenen Kulturstandards ist von Bedeutung, um in einer interkulturellen Interaktionssituation erfolgreich handeln zu können. Die prägnantesten Situationsschilderungen wurden ausgewählt und sprachlich überarbeitet.

Ob diese Situationen rein kulturtypisch sind, wurde durch bikulturelle Experten geprüft, die die kritischen Interaktionssituationen analysierten. Bikulturelle Experten sind Personen, die über Erfahrungen mit der jeweils anderen Kultur verfügen und sich in beiden Orientierungssystemen zurechtfinden (Thomas, 2000). Dadurch kann aufgezeigt werden, ob den geschilderten Situationen Schweizer Kulturstandards zugrunde liegen und es nur zu kritischen Interaktionssituationen kommt, weil den deutschen Führungskräften die Schweizer Kulturstandards nicht bekannt sind.

Mit Hilfe von bewährten Methoden wurden die Situationen auf Basis der Expertenkommentare zu acht Kulturstandards gruppiert, welche die Schweizer Kultur gut beschreiben. Diese Kulturstandards werden am Ende eines jeden Kapitels dargestellt und kulturhistorisch durch Literatur verankert. Dadurch erhalten Sie ergänzende Informationen zur Geschichte, Wirtschaft und Politik der Schweiz.

■ Aufbau und Ablauf des Trainings

Die vorliegende Trainingsmethode kommt nicht nur häufig zum Einsatz, sondern ist auch auf ihre Wirksamkeit hin wissenschaftlich gut untersucht (Thomas, 2009). Außerdem können Sie selbst bestimmen, ob Sie das Trainingsmaterial im Selbststudium nutzen oder im Rahmen einer Gruppenübung in einem kulturspezifischen Seminar.

Das Training ist in acht einzelne Trainingsabschnitte gegliedert, in denen jeweils als Trainingsinhalt ein spezifischer Kulturstandard vermittelt wird. Dazu werden kulturell bedingte, kritische Interaktionen zwischen einem Deutschen und einem Schweizer dargestellt. Sie werden unvorbereitet mit dem Schweizer Verhalten konfrontiert und überlegen sich zunächst eine eigene Erklärung, warum der Schweizer auf die jeweils vorgestellte Art und Weise so – und nicht wie von Deutschen erwartet – reagiert. Vermutlich gehen Sie dabei von Ihrem eigenen kulturellen Orientierungssystem aus. Sie werden feststellen, wie Ihre Kultur Ihr eigenes Handeln beeinflusst (Layes, 2000). Die Erkenntnis, dass Sie eigenkulturelle Standards im Umgang mit der Erklärung der kritischen Interaktionssituationen anwenden, ist eine wichtige Voraussetzung für den Einsatz der zu erlernenden Schweizer Kulturstandards.

Zu jeder Situationsbeschreibung werden vier Erklärungsalternativen für das Verhalten des fremdkulturellen Handlungspartners vorgeschlagen. Diese Deutungsalternativen entstammen teils der deutschen und teils der Schweizer Kultur und erklären das in der Situation gezeigte Verhalten mehr oder weniger angemessen. Aus Sicht der Schweizer ist nur eine Erklärungsalternative die kulturadäquate und alle anderen beinhalten Fehlinterpretationen, die teilweise auf Unwissenheit oder auf Vorurteilen beruhen. Hintergrund des Anbietens von vier alternativen Erklärungen ist, dass Sie üben, mehrere Alternativen in Betracht zu ziehen, bevor Sie eine Beurteilung abgeben, und dass Sie nicht vorschnell eine Entscheidung treffen.

Auf der nächsten Stufe des Lernprozesses werden die kulturtypischen Attributionen erklärt, die hinter den Antwortalternativen stecken. An dieser Stelle bekommen Sie eine Rückmeldung über die Angemessenheit aller Erklärungsalternativen sowie eine Begründung, warum die Interpretation kulturadäquat, plausibel oder kulturinadäquat ist. Die Begründungen enthalten die wesentlichen Merkmale des jeweiligen Kulturstandards.

Anschließend können Sie mit Ihrem neu erworbenen Wissen gedanklich experimentieren. Sie können Ihre eigene Handlungsstrategie entwickeln, mit der die geschilderte kritische Interaktionssituation vermieden oder sogar gelöst werden könnte. Das Trainingsmaterial unterstützt Sie in diesem Schritt mit einer Lösungsstrategie, die Sie als Anregung und Rat für das kulturadäquate Verhalten mit einbeziehen können. Diese Lösungsstrategie darf jedoch nicht als Patentrezept gesehen werden, denn jede Interaktionssituation ist anders und Sie sollen ja gerade lernen, auf verschiedene Situationen flexibel reagieren zu können.

Diese Abfolge wiederholt sich durch die Bearbeitung mehrerer kritischer Interaktionssituationen zum gleichen »kulturellen« Thema. Sie lernen so die Wirkung der Kulturstandards in unterschiedlichen Kontexten kennen und können den Umgang mit ihm üben. Am Ende eines jeden Trainingsabschnittes werden Sie über den zugrunde liegenden Kulturstandard informiert. Sie erhalten eine Erklärung über die Bedeutung des betreffenden Kulturstandards unter Berücksichtigung der kulturhistorischen Grundlagen. Dadurch wird das Verständnis für die Verhaltenswirksamkeit des zentralen Kulturstandards vertieft und die Akzeptanz verstärkt (Thomas, 2000).

An die letzte Trainingseinheit schließt sich eine Übersicht über alle Kulturstandards mit ihren relevanten Aspekten an. Anschließend finden Sie noch eine Zusammenfassung über die Geographie, die geschichtliche und politische Entwicklung der Schweiz. Eine Literaturliste zur weiteren Einarbeitung in die Thematik und zur Vorbereitung auf das Leben und Arbeiten in der Schweiz schließt sich an.

Neben der theoretischen Kenntnis der Kulturstandards ist jedoch die Sammlung praktischer Erfahrung im jeweiligen Land notwendig, um den Prozess des interkulturellen Lernens voranzutreiben. Denn das realistische, interkulturelle Lernen vollzieht sich erst in der Schweiz, wenn Sie selbst mitten im Schweizer Alltag stecken. Dieses Trainingsmaterial zusammen mit Ihren praktischen Erfahrungen gilt als Hilfsmittel, um die kommenden Aufgaben im Beruf sowie in der Interaktion mit Ihren Schweizer Partnern zu meistern, Enttäuschungen besser zu verarbeiten und kulturell bedingte Problemsituationen zu vermeiden.

■ Weiterführende Hinweise zum Verständnis des Trainingskonzepts

Kulturstandards sind für die erste Orientierung in einem fremden Land für den Umgang mit fremdkulturellen Partnern eine große Hilfe, gelten also als Schlüssel zum Verständnis der jeweils anderen Kultur. Sie sind jedoch nur als Hilfsmittel in kulturellen Interaktionssituationen zu betrachten. Es darf nicht außer Acht gelassen werden, dass jede fremdkulturelle Person gleichzeitig ein Individuum mit eigenen Vorstellungen, Meinungen und Interessen ist, die in Verbindung mit den kulturellen Prägungen das Verhalten bestimmen (Kammhuber u. Schroll-Machl, 2003). Auch die unterschiedlichen Situationen, in denen die Begegnungen stattfinden können, verlangen nach verschiedenen adäquaten Verhaltensweisen.

Es kommt in diesem Trainingsmaterial notgedrungen zu Vereinfachungen. Es geht um die Zusammenarbeit zwischen Deutschen und Schweizern, wobei die regionalen Unterschiede zwischen deutsch, französisch und italienisch sprechenden Schweizern, zwischen Stadt- und Landbewohnern nicht berücksichtigt werden.

Ein weiterer Punkt, der das Verhalten beeinflusst, ist die Unternehmenskultur, in der die jeweils befragten Personen arbeiten. Wie auch in Deutschland gibt es große Unterschiede diesbezüglich in den verschiedenen Unternehmen, was hier aber nicht relevant ist.

Mit diesem Trainingsprogramm können Sie sich optimal auf den Umgang mit Ihren Schweizer Partnern vorbereiten, es macht Sie mit den typischen Gepflogenheiten vertraut und ermöglicht damit eine erfolgreiche Zusammenarbeit mit Geschäftspartnern, Kunden, Kollegen und Mitarbeitern in der Schweiz. Wer es schafft, mit den kulturellen Unterschieden von Deutschen und Schweizern fertig zu werden, und wer der Schweizer Kultur mit Respekt und Wertschätzung begegnet, wird sich mit Sicherheit im Geschäfts- und Alltagsleben in der Schweiz gut zurechtfinden.

■ Themenbereich 1: Konsensorientierung

■ Beispiel 1: Die Optimierungsvorschläge

■ Situation

Herr Dr. Freier arbeitet seit sechs Monaten als Leiter des Qualitätsmanagements bei einem großen Schweizer IT-Softwarelieferanten. Er hat einige Vorschläge bezüglich des Umgangs mit Qualitätsstandards, die er seinen Schweizer Kollegen gern mitteilen möchte. Den Termin für diese Besprechung setzt er auf kommenden Montag, 10.00 Uhr, fest und informiert die betroffenen Kollegen per E-Mail. Zu Beginn der Besprechung begrüßt Herr Dr. Freier seine Kollegen freundlich und beginnt damit, seine Änderungsvorschläge zu präsentieren. Danach bittet er seine Schweizer Kollegen, ihre Meinung zu seinen Vorschlägen zu äußern. Diese hüllen sich jedoch in Schweigen. Kein einziger Kollege gibt seine Meinung kund oder geht auf seine Vorschläge ein.
   Wie lässt sich diese Situation erklären?

– Lesen Sie nun die Antwortalternativen nacheinander durch.
– Bestimmen Sie den Erklärungswert jeder Antwortalternative für die gegebene Situation und kreuzen Sie ihn auf der darunter befindlichen Skala an. Es ist möglich, dass mehrere Antwortalternativen den gleichen Erklärungswert besitzen.

■ Deutungen

a) Die Schweizer Kollegen sind fachlich überfordert. Sie können dazu nichts sagen.

|⎵⎵⎵⎵⎵⎵⎵⎵⎵⎵|⎵⎵⎵⎵⎵⎵⎵⎵⎵⎵|⎵⎵⎵⎵⎵⎵⎵⎵⎵⎵|

sehr zutreffend — eher zutreffend — eher nicht zutreffend — nicht zutreffend

b) Die Verbesserungsvorschläge von Herrn Dr. Freier würden in die Tat umgesetzt hohe Kosten verursachen und tiefgreifende Umstrukturierungen erfordern. Sich dann eine Meinung zu bilden und zu artikulieren, überfordert die Kompetenzen der Schweizer Kollegen.

|⎵⎵⎵⎵⎵⎵⎵⎵⎵⎵|⎵⎵⎵⎵⎵⎵⎵⎵⎵⎵|⎵⎵⎵⎵⎵⎵⎵⎵⎵⎵|

sehr zutreffend — eher zutreffend — eher nicht zutreffend — nicht zutreffend

c) Die Schweizer Kollegen sind den Verbesserungsvorschlägen gegenüber skeptisch, wollen aber ihre Meinung in der großen Runde nicht äußern.

|⎵⎵⎵⎵⎵⎵⎵⎵⎵⎵|⎵⎵⎵⎵⎵⎵⎵⎵⎵⎵|⎵⎵⎵⎵⎵⎵⎵⎵⎵⎵|

sehr zutreffend — eher zutreffend — eher nicht zutreffend — nicht zutreffend

d) Die Schweizer Kollegen nehmen die Vorschläge von Herrn Dr. Freier überhaupt nicht ernst, weil er erst seit sechs Monaten in der Firma tätig ist.

|⎵⎵⎵⎵⎵⎵⎵⎵⎵⎵|⎵⎵⎵⎵⎵⎵⎵⎵⎵⎵|⎵⎵⎵⎵⎵⎵⎵⎵⎵⎵|

sehr zutreffend — eher zutreffend — eher nicht zutreffend — nicht zutreffend

– Versuchen Sie, Ihre Einstufung jeder Antwortalternative zu begründen. Halten Sie die Begründung stichpunktartig fest.
– Lesen Sie nun die Erläuterungen zu jeder Antwortalternative und vergleichen Sie diese mit Ihren eigenen Begründungen.

■ Bedeutungen

Erläuterung zu a):
Diese Deutung würde die fachlichen Kompetenzen von Herrn Dr. Freier in Frage stellen. Er hat sich sicher genau überlegt, wann er seine Verbesserungsvorschläge vortragen wird, und Wert darauf gelegt, weitere hilfreiche Meinungen einzuholen. Seine eingeladenen Gesprächspartner waren deshalb sicher fachlich kompetent.

Erläuterung zu b):
Tatsächlich geht es hier noch nicht um die Umsetzung von Vorschlägen, die möglichen Kosten und erforderlichen Strukturveränderungen. Herrn Dr. Freier geht es darum, von seinen Schweizer Kollegen, die das Unternehmen schon länger kennen als er, zu erfahren, was sie von seinen Vorschlägen halten, ob er sie weiterverfolgen und nach oben weitergeben soll. Er will nicht über seine Kollegen hinweg entscheiden, sondern sie kollegial mit einbeziehen. Eine andere Deutung wird wohl stimmiger sein.

Erläuterung zu c):
»Nichts sagen« bedeutet in der Schweiz weder Einverständnis noch Widerspruch. Grundsätzlich sind Schweizer Neuerungen gegenüber skeptisch und wenn nicht vorher Input von jedem Einzelnen hierfür abgeholt wird, werden sie auch kein Feedback geben, vor allem nicht im großen Meeting, sondern nur im Zweiergespräch, damit der Präsentierende nicht öffentlich sein Gesicht verliert. Mit dieser Antwort haben Sie den Kern der Sache getroffen.

Erläuterung zu d):
Diese Deutung hat etwas für sich. Sechs Monate Erfahrung in einer neuen Firma sind vielleicht doch zu wenig, um bereits mit Verbesserungsvorschlägen zu kommen. Da kann Ablehnung bedingt durch Neid und Missgunst die Folge sein. Anderseits hätte Herr Dr. Freier bei einer solchen Deutung erwarten können, dass seine Kollegen ihm mit ihren Argumenten deutlich machen, dass er manches noch nicht gut genug kennt, um schon mit Vorschlägen an sie heranzutreten. Wenn die Schweizer Kollegen ihm das auch nicht direkt ins Gesicht gesagt hätten, kann man unter-

stellen, dass Herr Dr. Freier erfahren genug ist, zwischen den Zeilen lesen zu können. So recht befriedigt diese Deutung nicht.

■ Lösungsstrategie

Es ist davon auszugehen, dass Herr Dr. Freier von seinen deutschen Berufserfahrungen weiß, dass sich die Qualität einer Führungskraft und seinen Mitarbeitern danach bemisst, dass man nicht einfach nach eingefahrenen Vorgaben und Gewohnheiten arbeitet, sondern immer auch eigenständig überlegt, wie die Arbeit verbessert werden kann. Produktive Verbesserungsvorschläge sollen vorgebracht, diskutiert und auf ihre Realisierbarkeit und Effizienz hin überprüft werden. Das ist für ihn eine Selbstverständlichkeit und so verkündet er seinen Schweizer Kollegen, dass er Verbesserungsvorschläge hat und sie mit ihnen diskutieren will. Er unterstellt, dass diese natürlich ein offenes Ohr für seine Verbesserungsvorschläge haben, und lädt sie eben gleich zu einem Treffen ein – und zwar nicht irgendwann in ferner Zukunft, sondern direkt für Montag, 10.00 Uhr. Das gehört zu seinem Verständnis von effizienter kollegialer Zusammenarbeit und entspricht deutscher Sachorientierung und Präzision. Die Schweizer entsprechen sogar seinen Erwartungen, denn pünktlich am Montag um 10.00 Uhr sind sie zur Stelle und hören sich aufmerksam an, was Herr Dr. Freier zu sagen hat. Umso größer ist das Erstaunen von Herrn Dr. Freier, als er nun erlebt, dass sich niemand dazu äußert. Keiner sagt seine Meinung, obwohl doch alle gekommen sind und zugehört haben. Er versteht die Welt bzw. die Schweizer nicht mehr.

Schweizer sind tendenziell reservierter, ob bei positiven oder negativen Themen, vor allem jedoch bei Feedback in großen Gruppen. Ihre Meinung werden sie schon äußern, aber erst im Zweiergespräch.

Die optimale Vorgehensweise ist, dass man die Verbesserungsvorschläge mit jedem Einzelnen ausführlich vorbespricht, jede Meinung einholt und auf diese in der Präsentation hinweist. Es ist sehr wichtig, dass die Ansichten aller beteiligten Personen im Vornherein eingeholt werden, alle informiert sind und alle nach ihren Meinungen gefragt worden sind. Ansonsten könnten die

Schweizer der Ansicht sein, dass bei der Präsentation der Optimierungsvorschläge nicht mehr diskutiert wird und die Abfrage der Ansichten reine Formsache ist, die Änderungen jedoch bereits festgelegt sind.

Hat jedoch eine Präsentation ohne bilaterale Gespräche im Vornherein bereits stattgefunden, kann man durchaus in anschließenden Zweiergesprächen fragen: »Du hast während der Präsentation nichts gesagt, bist du mit meinem Vorschlag nicht einverstanden?« Diese Frage sollte nie in einem großen Meeting gestellt werden, denn wenn direkt und vor allen nach Ansichten gefragt wird, fallen die Äußerungen eher bescheiden aus. Im kleineren und privateren Rahmen ist das Feedback offener.

■ Beispiel 2: Die vertagte Entscheidung

■ Situation

Herr Merz ist Leiter des Projektteams »Portfolioplanung« in einer großen Schweizer Bank. Da die Zeit drängt, muss heute dringend eine Entscheidung von seinen Schweizer Kollegen, Herrn Schärli und Herrn Pauli, bezüglich des Fortgangs dieses Projektes gefällt werden. Weitere Verzögerungen kann sich dieses Projekt nicht leisten. Herr Merz hat im Vorfeld mit allen involvierten Mitarbeitern separat gesprochen, um mögliche Vorbehalte aus dem Weg zu räumen. Herr Merz arbeitet seit drei Jahren in der Schweiz und weiß, wie wichtig es ist, einen Konsens herzustellen. Er, sein Projektteam, Herr Schärli und Herr Pauli sitzen nun zusammen und besprechen den Fortgang des Projekts. Doch Herr Schärli bringt noch einige Vorbehalte vor, was die Finanzierung des Projektes betrifft. Er betont dabei extra, dass die Projektarbeit gut vorangeht und die Vorschläge von Herrn Merz sehr gut sind, aber eine Entscheidung heute noch nicht getroffen werden kann, da noch zusätzliche Daten mit einbezogen und bestehende Vorbehalte aus dem Weg geräumt werden müssen. So wird das nächste Gespräch einfach auf drei Wochen später festgesetzt. Herr Merz versteht nicht, warum die Entscheidung ein weiteres Mal vertagt wird, da doch alles detailliert mit jedem besprochen wurde.

Wie kann man das Verhalten von Herrn Schärli erklären?

- Lesen Sie nun die Antwortalternativen nacheinander durch.
- Bestimmen Sie den Erklärungswert jeder Antwortalternative für die gegebene Situation und kreuzen Sie ihn auf der darunter befindlichen Skala an. Es ist möglich, dass mehrere Antwortalternativen den gleichen Erklärungswert besitzen.

■ Deutungen

a) Herr Schärli ist zwar ein Kollege von Herrn Merz, in Wirklichkeit besteht aber zwischen beiden eine Konkurrenzsituation und nun bietet sich eine gute Gelegenheit, Herrn Merz mit seiner Portfolioplanung auflaufen zu lassen.

| sehr zutreffend | eher zutreffend | eher nicht zutreffend | nicht zutreffend |

b) Herr Schärli ist von der Vorgehensweise des Projektes noch nicht überzeugt und Herr Merz geht nicht genügend auf die geäußerten Bedenken von Herrn Schärli ein.

| sehr zutreffend | eher zutreffend | eher nicht zutreffend | nicht zutreffend |

c) Herr Merz hat bei seiner Entscheidungsplanung Herrn Schärli nicht genügend einbezogen. Deshalb ist dieser überzeugt, dass die Finanzierung einer weiteren Überprüfung bedarf.

| sehr zutreffend | eher zutreffend | eher nicht zutreffend | nicht zutreffend |

d) Schweizer haben eine andere Zeitvorstellung als Deutsche. Je bedeutsamer die Entscheidungen sind, umso mehr Zeit nimmt man sich, unabhängig davon, ob die Entscheidung eilt oder nicht.

| sehr zutreffend | eher zutreffend | eher nicht zutreffend | nicht zutreffend |

- Versuchen Sie, Ihre Einstufung jeder Antwortalternative zu begründen. Halten Sie die Begründung stichpunktartig fest.
- Lesen Sie nun die Erläuterungen zu jeder Antwortalternative und vergleichen Sie diese mit Ihren eigenen Begründungen.

■ Bedeutungen

Erläuterung zu a):
Es ist nicht auszuschließen, dass unterschwellige Konkurrenz zu unnötigen Verzögerungen bei wichtigen Projektentscheidungen führen. In diesem Fall ist von einer Konkurrenz zwischen beiden Entscheidungsträgern nichts zu spüren, zumal Herr Schärli den Entscheidungsaufschub gut begründet und das noch mit einer so wichtigen Argumentation wie den Finanzierungsproblemen. Eine andere Deutung wird zutreffender sein.

Erläuterung zu b):
Herr Merz hätte auf die geäußerten Bedenken von Herrn Schärli eingehen müssen. Nur weil Herr Schärli gesagt hat, dass er das von Herrn Merz vorgeschlagene Vorgehen gut findet, heißt das noch lange nicht, dass er damit einverstanden ist. Entscheidungen brauchen Zeit. Für eine nachhaltige Unterstützung muss jeder Beteiligte vollkommen vom Projekt überzeugt ist. Diese Antwort entspricht den kulturellen Regeln in der Schweiz am besten.

Erläuterung zu c):
Tatsächlich hat Herr Schärli Befürchtungen bezüglich der Finanzierung und schlägt einen Entscheidungsaufschub vor, dem auch Folge geleistet wird. Da Herr Merz aber aus Erfahrung weiß, wie wichtig in der Schweiz Konsensbildung ist und dementsprechend eine sorgfältige Vorarbeit geleistet werden muss, ist es unwahrscheinlich, dass Herr Schärli sich nicht genügend berücksichtigt fühlt und deshalb die Entscheidung hinauszögert.

Erläuterung zu d):
Unterschiedliche Zeitvorstellungen werden in der internationalen Zusammenarbeit oft nicht wahrgenommen oder ihnen wird keine ausreichende Beachtung geschenkt. Besonders wenn Entschei-

dungen zu treffen sind, wie hier im Rahmen einer Projektentwicklung oder bei Verhandlungen, zeigt sich oft, dass es dem einen zu langsam und dem anderen zu schnell geht, wobei beide misstrauisch werden, weil sie dahinter eine Übervorteilung befürchten. Den Schweizern generell zu unterstellen, sie verzögerten Entscheidungen, die ausgiebig und konsensorientiert diskutiert wurden, nur um damit die Wichtigkeit des zu entscheidenden Sachverhalts zu betonen, erscheint gewagt und im vorgegebenen Beispiel eine unbefriedigende Deutung zu sein.

■ Lösungsstrategie

Herr Merz hat gezeigt, dass er der von Schweizern bevorzugten Konsensorientierung so weit Rechnung getragen hat, dass nun eine Entscheidung getroffen werden kann. Der Schweizer strebt in der Regel nicht nach einem schnellen, sondern auf einen möglichst breit akzeptierten Entscheid. Er geht davon aus, dass schnelle, nicht ausreichend gut gestützte Entscheide kurzlebig sind und dass die bei der Entscheidungsfindung zusätzlich investierte Zeit in die Anhörung von Meinungen jedes einzelnen Beteiligten auf längere Sicht gut investiert ist. In dieser Situation wurde dies von Herrn Merz eingehalten und nun ist jedoch eine aktuelle Entscheidung notwendig, um das Projekt nicht in Verzug zu bringen. Nun erfährt er, dass seine Schweizer Partner die Eile nicht teilen, weil noch Bedenken, wenn auch nur von einem Entscheidungsträger vorgebracht, bestehen. Er könnte als Reaktion darauf versuchen, die Konsequenzen zu erläutern, die sich als Folge der Entscheidungsverzögerung unweigerlich einstellen werden, und darauf drängen, dass für diese Probleme dann auch eine Lösung gefunden werden muss, bevor man sich erst in drei Wochen entscheidet.

Offenbar ist in dieser Situation in der Vorbesprechung schon etwas schief gegangen. Herr Schärli fühlt sich unter Druck gesetzt, weil er ja, vielleicht für deutsche Ohren sehr leise, gesagt hat, dass er noch Vorbehalte hat, und Herr Merz versucht, eine Entscheidung zu erzwingen. Wahrscheinlich hat Herr Merz Herrn Schärli bei der bilateralen Vorbesprechung zu wenig zu Wort kommen lassen. Nun sieht Herr Schärli, im Wissen, dass eine Entscheidung jetzt notwendig ist, die einzige Möglichkeit, seinem Bedenken Gehör zu verschaffen, in der Vertagung der Entscheidung.

In größeren Schweizer Firmen ist es normal, dass man einen Konsens finden muss, welcher von allen gemeinsam getragen wird und keiner darf irgendwelche Bedenken gegen die Vorgehensweise haben. Wenn es irgendwie möglich ist, sollte man versuchen, allen Parteien hier die Zeit zu geben, auch hinter der Entscheidung zu stehen.

Normalerweise hilft es, wenn man von vornherein ganz klar sagt, was bis wann entschieden werden sollte, damit man gemeinsam weiterfahren kann. In dieser Situation könnte nur Herr Merz versuchen, die Konsequenzen der Verzögerung aufzuzeigen und sich selbst aus der Verantwortung zu nehmen. Die Vertagung muss er jedoch höchstwahrscheinlich akzeptieren.

■ Beispiel 3: Das neue Projekt

■ Situation

In dem Schweizer Pharmaunternehmen, in dem Herr Winter als Leiter des Bereichs Know-how und Technologietransfer seit fünf Jahren tätig ist, treffen sich einmal in der Woche alle Abteilungsmitarbeiter von Herrn Winter, um das weitere Vorgehen bezüglich der aktuellen bzw. der neuen Projekte zu diskutieren. Im heutigen Meeting wird die Vorgehensweise bezüglich eines neuen Projekts besprochen. Herrn Winter fällt am Gesichtsausdruck von zwei seiner Schweizer Kollegen auf, dass sie mit der Vorgehensweise, wie dieses Projekt angegangen werden soll, nicht einverstanden sind. Herr Winter sagt laut in die Runde: »Wenn noch jemand Bedenken hat, sollte er sie bitte gleich hier und jetzt ansprechen, dann kann gemeinsam nach einer passenden Vorgehensweise gesucht werden.« Doch keiner der beiden Herren äußert sich, auch sonst gibt es keine Kritik an der Vorgehensweise.

Warum äußern sich die beiden Kollegen nicht?

- Lesen Sie nun die Antwortalternativen nacheinander durch.
- Bestimmen Sie den Erklärungswert jeder Antwortalternative für die gegebene Situation und kreuzen Sie ihn auf der darunter befindlichen Skala an. Es ist möglich, dass mehrere Antwortalternativen den gleichen Erklärungswert besitzen.

■ Deutungen

a) Die Schweizer Kollegen sind nicht einverstanden mit der Vorgehensweise, halten sich jedoch mit ihren Bedenken zurück, weil sie vermeiden wollen, dass ein Konflikt entsteht.

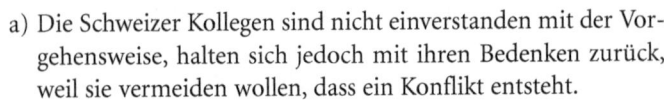

sehr zutreffend — eher zutreffend — eher nicht zutreffend — nicht zutreffend

b) Gerade bei Besprechungen neuer Projekte halten sich Abteilungsmitarbeiter gern erst einmal mit der offenen Äußerung ihrer Meinung zurück, um nicht unangenehm aufzufallen. Sie lassen lieber dem Chef den Vortritt.

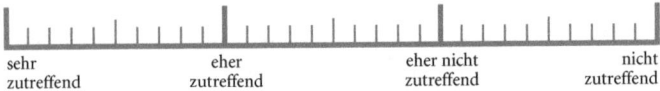

sehr zutreffend — eher zutreffend — eher nicht zutreffend — nicht zutreffend

c) Unter den Mitarbeitern ist das neue Projekt gerüchteweise längst bekannt und alle sind dagegen. Nur zwei der Schweizer Kollegen haben ihre Mimik nicht unter Kontrolle und fallen deshalb Herrn Winter auf. In einer solchen Situation ist es für alle besser, zu schweigen. So kann man nicht unangenehm auffallen.

sehr zutreffend — eher zutreffend — eher nicht zutreffend — nicht zutreffend

d) Die Schweizer, die ein bedenkliches Gesicht machen, sind die Einzigen der Anwesenden, die aufgrund ihrer Professionalität sofort erkennen, dass der Projektplan von Herrn Winter Probleme aufwirft. Aber sie sind noch zu frisch in der Firma, um abschätzen zu können, welche Folgen es haben würde, wenn sie ihrem neuen Chef gegenüber Kritik anmelden würden. Deshalb ziehen sie es vor, zu schweigen.

| sehr zutreffend | eher zutreffend | eher nicht zutreffend | nicht zutreffend |

- Versuchen Sie, Ihre Einstufung jeder Antwortalternative zu begründen. Halten Sie die Begründung stichpunktartig fest.
- Lesen Sie nun die Erläuterungen zu jeder Antwortalternative und vergleichen Sie diese mit Ihren eigenen Begründungen.

■ Bedeutungen

Erläuterung zu a):
Der Schweizer arbeitet gern harmonisch im Team. Er ist nicht sehr konfliktfreudig und sagt lieber nichts, als mit einem Kollegen aneinanderzugeraten. Schweizer versuchen, Konflikten aus dem Weg zu gehen. So sind die beiden beschriebenen Mitarbeiter zwar nicht einverstanden mit der Vorgehensweise des neuen Projektes, zeigen ihre Ablehnung jedoch nur durch ihre Mimik, nicht mit ihren Worten. Wegen solchen Dingen wollen Schweizer keinen Ärger und versuchen, darüber hinwegzusehen. Diese Antwort beschreibt den Grund für das Verhalten der zwei Schweizer Kollegen am zutreffendsten.

Erläuterung zu b):
In vielen Fällen mag diese Deutung zutreffend sein. Herr Winter ist aber schon fünf Jahre in der Schweizer Firma in führender Position tätig und es ist sicher nicht das erste Mal, dass in der regulären Abteilungsbesprechung ein neues Projekt vorgestellt wird und zur Diskussion steht. Zudem wird sich schon allein durch die Regelmäßigkeit der Besprechungen eine offene und eher kollegiale Gesprächskultur eingeschliffen haben, die eine solch sachfremde Zurückhaltung unwahrscheinlich erscheinen lässt.

Erläuterung zu c):
Es kommt vor, dass neue Projekte durchsickern, bevor der Chef sie offiziell vorgestellt hat und zur Diskussion auffordert. So können sich auch schon vorab Meinungen gebildet haben, die nicht mit denen des Chefs übereinstimmen. Aus der Situationsschilderung geht aber nicht hervor, dass sich alle Mitarbeiter bereits ab-

gesprochen haben und das neue Projekt in der Art, wie der Chef es anzugehen gewillt ist, ablehnen. Die bedenkliche Mimik von zwei Schweizer Kollegen kann nicht für so weitreichende Schlussfolgerungen herangezogen werden. Der Chef kann deren Mimik auch fehlinterpretiert haben. Eine andere Deutung ist wohl zutreffender.

Erläuterung zu d):
Es gibt keinen Hinweis darauf, dass die bedenklich erscheinenden zwei Schweizer Kollegen erst kürzlich in die Firma eingetreten sind und über so spezifische Expertisen verfügen, dass sie sofort mögliche Projektfehler erkennen. Man könnte auch argumentieren, dass sie, gerade weil sie neu sind, weniger Hemmungen haben könnten, Bedenken anzumelden. Wenn sie ihre Bedenken mit aller Vorsicht und Rücksichtnahme dem Chef vortragen würden und dieses zudem noch zielführend wäre, könnten sie sich dadurch einen guten Start in der Abteilung verschaffen. Diese Deutung überzeugt also nicht.

■ Lösungsstrategie

Aus Sicht von Herrn Winter sind die regelmäßigen Abteilungsbesprechungen dazu da, alle anstehenden Probleme und Themen auf den Tisch zu legen und zu diskutieren. Wozu sollten sie auch sonst nützlich sein? Ohne diese Ziele wären die Treffen vertane Zeit und Zeit ist bekanntlich Geld. Das gilt besonders für Besprechungen, bei denen Vorgehensweisen bezüglich neuer Projekte zu diskutieren sind. Bedenkliche Gesichter während seiner Präsentation sind Herrn Winter ein willkommenes Zeichen dafür, dass nun eine produktive, kontroverse und zielführende Diskussion beginnen kann, um Probleme frühzeitig erkennen und so vermeiden zu können. Herr Winter fragt sich zu Recht, warum die beiden Schweizer erst ein bedenkliches Gesicht zeigen, um dann kein Wort zu seinen Ausführungen zu sagen. Aus seiner Sicht ist das kein Zeichen von Professionalität, Kollegialität und Vertrauen, sondern eher das Gegenteil. Herr Winter ist diese Zurückhaltung nicht gewohnt.

Die Schweizer äußern ihr Unbehagen in der Öffentlichkeit selten, ein direktes Ansprechen des Problems ist nicht die Stärke der Schweizer. Sie äußern sich nicht sofort zu einer Situation, sondern überlegen zuerst, ob der vorgeschlagene Weg auch eine Berechtigung hat.

Richtig wäre, dass Herr Winter das Projekt vorstellt und nach den Vorstellungen der Beteiligten fragt. Im Anschluss könnten gemeinsam im Team Vor- und Nachteile erwogen werden. Falls Herr Winter merkt, dass sich dann noch einige zurückziehen, müsste er die betreffenden Personen im Zweiergespräch einfühlsam ansprechen und sie nach ihrer Meinung fragen. Bedenken werden dem Chef gegenüber nur unter vier Augen und auch dann nur sehr versteckt zu vermitteln versucht – ganz im Gegensatz zu Deutschland, dort sagt man seinen Standpunkt sofort und klärt die Fronten.

■ Kulturelle Verankerung von »Konsensorientierung«

Dieser Kulturstandard beschreibt, dass in der Schweiz ein großer Wert auf die Konsensorientierung gelegt wird. Diese Konsensorientierung ist in der Schweizer Demokratieauffassung von zentraler Bedeutung und es gibt sie in dieser Weise kein zweites Mal auf der Erde. Das beeinflusst natürlich die Grundhaltung von jedem Bürger. Die kollektive Selbstbestimmung schließt nach diesem Prinzip die Pflicht der regierenden Mehrheit ein, die Interessen zu Gunsten der Minderheiten zu relativieren. Die Mehrheit soll die Grundrichtung der Politik bestimmen, muss aber bei der Verwirklichung immer die Interessen der Minderheiten berücksichtigen. Sie darf auf keinen Fall stets die Hälfte der Bürger als Verlierer zurücklassen. Die Schweiz funktioniert föderalistisch und basiert auf dem Mehrheitsprinzip.

Gründe für die Konsensorientierung im Schweizer Demokratieverständnis gibt es viele. Ein wichtiger Grund ist der Umstand, dass die Schweiz mit ihren Minderheitssprachen ein Land mit so genannten strukturellen Minderheiten ist. Diese Minderheiten haben normalerweise von vornherein keine Chance, Mehrheiten für ihre Anliegen zu bekommen. Dies bedeutet, dass sie und ihre Bedürfnisse von einem erheblichen Teil der öffentlichen Gewalt ausgeschlossen wären. Die theoretische Möglichkeit, zu einer Mehrheit zu werden, befriedigt strukturelle Minderheiten nicht. Sie benötigen einen besonderen Schutz, wenn sie in das Gemeinwesen integriert werden sollen. Die Lösung hierfür ist die konsensorientierte Demokratie. Diese Vorgehensweise zeigt sich in der Arbeitsweise des Schweizerischen Bundesrats, bei dem sieben »Minister« mit unterschiedlichen Meinungen und aus unterschiedlichen Parteien schlussendlich gemeinsam als Kollektiv einen Gesetzesentwurf oder Ähnliches vertreten müssen. Die direkte Demokratie arbeitet genau nach diesem Prinzip. Diese Kultur findet sich auch in Vereinen oder politischen Parteien, wo man nur längerfristig und nachhaltig weiterkommt, wenn die Entscheidungen wirklich von allen getragen werden und alle relevanten und zum Teil auch nicht relevanten Vertreter mit involviert sind (Linder, Lanfranchi u. Weibel, 1996).

Ein zweiter Grund sind die äußeren Einflüsse, die nicht beeinflussbaren Rahmenbedingungen wie Klima, Nachbarn, Ressourcen auf die politische Mentalität und Kultur. Diese Rahmenbedingungen bedeuten in der Schweiz Prägung durch ein zum großen Teil gebirgiges Land ohne Bodenschätze und Meeresanbindung und ein oft kaltes Klima. Diese Ausgangslage macht es notwendig, die Kräfte nicht mehr als nötig im inneren Konkurrenzkampf zu verbrauchen. Dies fördert vielmehr eine Kultur, die dem Interessenausgleich einen hohen Stellenwert einräumt und innere Konflikte zu vermeiden versucht.

■ Themenbereich 2: Schweizerdeutsch

■ Beispiel 4: Besser auf Hochdeutsch

■ Situation

Herr Sperber arbeitet seit einem Jahr als Leiter der Qualitätskontrolle in einem Schweizer Unternehmen für Nahrungsergänzungsmittel. Um die Äußerungen seiner Schweizer Kollegen und Geschäftspartner gut zu verstehen, sieht er sehr viel Schweizer Fernsehen und beschäftigt sich mit der Schweizer Sprache. Um sich anzupassen, hat er sich auch schon einige Schweizer Worte angeeignet, die er, sooft es geht, auch anbringt. Jedenfalls für den Alltag reicht es schon, so meint er. Als Herr Sperber mit seiner Schweizer Geschäftspartnerin Frau Ahorn telefoniert, spricht sie die ersten Sätze Schweizerdeutsch und fragt ihn dann sofort: »Es ist wohl besser auf Hochdeutsch, oder?«. Herr Sperber antwortet ihr etwas amüsiert in einem Mix aus Schweizerdeutsch und Hochdeutsch, dass sie gern weiter auf Schweizerdeutsch sprechen kann, da er ihre Mundart sehr gut versteht, sich bemüht, sie zu erlernen und weiter zu verbessern und sie auch selbst schon etwas spricht. Daraufhin wechselt die Schweizer Geschäftspartnerin nicht wieder ins Schweizerdeutsche, sondern spricht mit ihm weiter hochdeutsch.

Wie lässt sich diese Situation erklären?

- Lesen Sie nun die Antwortalternativen nacheinander durch.
- Bestimmen Sie den Erklärungswert jeder Antwortalternative für die gegebene Situation und kreuzen Sie ihn auf der darunter befindlichen Skala an. Es ist möglich, dass mehrere Antwortalternativen den gleichen Erklärungswert besitzen.

∎ Deutungen

a) Frau Ahorn ist überzeugt, dass Herr Sperber nur freundlich zu ihr sein will, denn niemand kann schon nach einem halben Jahr Schweizerdeutsch verstehen.

|⎯⎯⎯⎯⎯⎯⎯⎯⎯⎯⎯⎯⎯⎯⎯⎯⎯⎯⎯⎯⎯⎯⎯⎯⎯⎯⎯⎯⎯⎯⎯⎯⎯|

sehr zutreffend   eher zutreffend   eher nicht zutreffend   nicht zutreffend

b) Frau Ahorn ist aus ihrer Sicht ein unverzeihlicher Fehler unterlaufen, indem sie in einer geschäftlich bedingten Kommunikation mit ihrem deutschen Partner schweizerdeutsch gesprochen hat. So etwas gehört sich nicht.

|⎯⎯⎯⎯⎯⎯⎯⎯⎯⎯⎯⎯⎯⎯⎯⎯⎯⎯⎯⎯⎯⎯⎯⎯⎯⎯⎯⎯⎯⎯⎯⎯⎯|

sehr zutreffend   eher zutreffend   eher nicht zutreffend   nicht zutreffend

c) Frau Ahorn hat kein Interesse an einer zweisprachigen Kommunikation, in der sie schweizerdeutsch und Herr Sperber hochdeutsch mit ein paar schweizerdeutschen Worten spricht. Das ist lästig und kann womöglich unbemerkt und unterschwellig zu Missverständnissen führen.

|⎯⎯⎯⎯⎯⎯⎯⎯⎯⎯⎯⎯⎯⎯⎯⎯⎯⎯⎯⎯⎯⎯⎯⎯⎯⎯⎯⎯⎯⎯⎯⎯⎯|

sehr zutreffend   eher zutreffend   eher nicht zutreffend   nicht zutreffend

d) Frau Ahorn bemerkt den Mix aus Hochdeutsch und Schweizerdeutsch von Herrn Sperber. Sie spricht gleich aus Höflichkeit hochdeutsch weiter, damit sie beide die gleiche Sprache sprechen.

|⎯⎯⎯⎯⎯⎯⎯⎯⎯⎯⎯⎯⎯⎯⎯⎯⎯⎯⎯⎯⎯⎯⎯⎯⎯⎯⎯⎯⎯⎯⎯⎯⎯|

sehr zutreffend   eher zutreffend   eher nicht zutreffend   nicht zutreffend

– Versuchen Sie, Ihre Einstufung jeder Antwortalternative zu begründen. Halten Sie die Begründung stichpunktartig fest.
– Lesen Sie nun die Erläuterungen zu jeder Antwortalternative und vergleichen Sie diese mit Ihren eigenen Begründungen.

Bedeutungen

Erläuterung zu a):
Es kann schon sein, dass Frau Ahorn es Herrn Sperber leicht machen will und in Hochdeutsch kommuniziert. Andererseits geht sie überhaupt nicht auf seine Bemerkungen ein, dass er durchaus Schweizerdeutsch versteht. Sie versucht nicht einmal, ihm eine Chance zu geben, seine neu erworbenen Sprachkenntnisse bei ihr auszuprobieren. Hier geht es auch nicht darum, perfekt Schweizerdeutsch zu verstehen oder zu sprechen, sondern nur darum, den anderen zu verstehen. Zudem ist Schweizerdeutsch den Deutschen nicht so fern, dass man zum Verständnis ein jahrelanges Training benötigen würde.

Erläuterung zu b):
Diese Deutung unterstellt, dass eigentlich kein Ausländer in der Lage ist, Schweizerdeutsch perfekt verstehen und sprechen zu können, selbst dann nicht, wenn er sich schon ein halbes Jahr damit Mühe gibt und glaubt, alles in Schweizerdeutsch Gesprochene zu verstehen. Wenn es in der dreisprachigen Schweiz eine im Geschäftsleben akzeptierte Lingua franca gibt, dann ist es nicht Schweizerdeutsch oder Hochdeutsch. An den Sprachbemühungen von Herrn Sperber hat Frau Ahorn kein Interesse und will das Telefonat nur irgendwie zu Ende bringen. Andernfalls wäre sie auf das Angebot von Herrn Sperber eingegangen, die Kommunikation zweisprachig zu führen, was der Verständigung keinen Abbruch getan und Herrn Sperber eher noch Ehre eingebracht hätte. Eine Regel, dass geschäftliche Kommunikation in der Schweiz nicht in Schweizerdeutsch geführt werden darf, ob nun zwischen Schweizern oder mit Ausländern, gibt es nicht.

Erläuterung zu c):
Tatsächlich scheint Frau Ahorn erst, nachdem sie mit Herrn Sperber zu telefonieren beginnt, selbst bemerkt zu haben, dass sie Schweizerdeutsch spricht. Ihr wurde klar, dass die Kommunikation mit Herrn Sperber wohl besser auf Hochdeutsch zu führen ist. Auf das Angebot von Herrn Sperber, weiter schweizerdeutsch zu sprechen, geht sie interessanterweise nicht ein, sondern spricht hochdeutsch. Auch seine Bemühungen, dass er Schwei-

zerdeutsch versteht und bestrebt ist, es sprechen zu können, würdigt sie nicht. Ihr ist womöglich das Sprachthema gleichgültig und es geht ihr nur darum, das Telefonat so zu Ende zu führen, dass sie sich verständigen können.

Erläuterung zu d):
In der Schweiz sind es die Menschen gewohnt, sich sprachlich an den Gesprächspartner anzupassen. Für sie ist es ungewohnt, mit einem Deutschen schweizerdeutsch zu reden, weil sie, wenn möglich, immer dieselbe Sprache sprechen möchten wie ihr Gegenüber. Das ist die beste Erklärung für diese Situation.

■ Lösungsstrategie

Herr Sperber hat sicher richtig gehandelt, sich mit dem Schweizerdeutschen soweit vertraut zu machen, dass er es versteht und versucht, es auch einigermaßen zu sprechen. Wenn Schweizer Kollegen aber nicht darauf eingehen, sondern klar die Kommunikation in Hochdeutsch führen möchten, sollte er im geschäftlichen Bereich auch auf Hochdeutsch antworten. Auf diese Weise lassen sich eventuell entstehende Peinlichkeiten vermeiden. Etwas anderes ist es, wenn er im privaten Kontext kommuniziert. Hier könnte Herr Sperber versuchen, eine zweisprachige Kommunikation – also jeder in seiner Muttersprache – anzuregen oder auch seine schweizerdeutschen Kenntnisse bei guten Freunden zum Besten geben, die ihm dann weitere Tipps zur Verbesserung seiner Sprache geben können.

Da Schweizerdeutsch weltweit nicht wirklich verbreitet ist, passen die Schweizer normalerweise ihre Sprache aus Höflichkeit ihrem deutschen Gegenüber an.

Herr Sperber könnte in dieser Situation Frau Ahorn nochmals darauf hinweisen, dass er Schweizerdeutsch versteht und sie ruhigen Gewissens ihre Muttersprache sprechen kann.

Manchmal haben Schweizer gegenüber Deutschen sprachliche Komplexe. Sie denken, dass Deutsche besser reden können und rhetorisch gewandter sind als Schweizer, allein durch die hochdeutsche Sprache, weshalb sie sich andere Wege suchen und dann ihre Sprache anpassen.

■ Beispiel 5: Die Preisverhandlung

■ Situation

Herr Maurer arbeitet seit sieben Jahren in einem Pharmakonzern in der Schweiz als EDV-Verantwortlicher. Er versteht Schweizerdeutsch sehr gut, kann es selbst jedoch nicht flüssig sprechen und redet daher hochdeutsch. Heute trifft er sich mit zwei Schweizer Geschäftspartnern, um den Preis der neuen Hardwareeinrichtung zu verhandeln. Die beiden Schweizer wechseln sofort automatisch ins Hochdeutsche, als sie Herrn Maurer sehen. Da Herr Maurer weiß, dass es Schweizern angenehmer und viel lieber ist, wenn sie schweizerdeutsch sprechen können, sagt er ihnen, dass er Schweizerdeutsch sehr gut versteht, da er seit sieben Jahren hier lebt. Die Geschäftspartner sprechen kurz schweizerdeutsch, doch nach der ersten Antwort von Herrn Maurer auf Hochdeutsch sprechen sie hochdeutsch weiter.

Welche Hintergründe könnte es für den Wechsel ins Hochdeutsche geben?

– Lesen Sie nun die Antwortalternativen nacheinander durch.
– Bestimmen Sie den Erklärungswert jeder Antwortalternative für die gegebene Situation und kreuzen Sie ihn auf der darunter befindlichen Skala an. Es ist möglich, dass mehrere Antwortalternativen den gleichen Erklärungswert besitzen.

■ Deutungen

a) Die Schweizer Geschäftspartner sprechen mit Herrn Maurer hochdeutsch, weil sie auf keinen Fall wollen, dass er schweizerdeutsch spricht.

sehr zutreffend   eher zutreffend   eher nicht zutreffend   nicht zutreffend

b) Herr Maurer hatte eine höhere berufliche Position inne als seine Schweizer Gesprächspartner, was es als selbstverständlich erscheinen lässt, dass die Verständigung auf Hochdeutsch erfolgt.

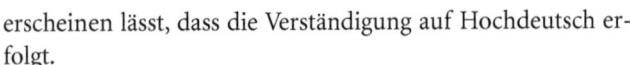

| sehr zutreffend | eher zutreffend | eher nicht zutreffend | nicht zutreffend |

c) Schweizer sind so stolz auf ihr Schweizerdeutsch, dass sie überhaupt nicht glauben können, dass ein Ausländer diese Sprache wirklich gut versteht und spricht. Für sie ist klar, die Kommunikation mit Herrn Maurer kann man nur in Hochdeutsch führen.

| sehr zutreffend | eher zutreffend | eher nicht zutreffend | nicht zutreffend |

d) Die Schweizer Gesprächspartner sind so froh, Hochdeutsch verstehen und sprechen zu können, dass sie jede Gelegenheit nutzen, die sich ihnen bietet, in Hochdeutsch zu kommunizieren.

| sehr zutreffend | eher zutreffend | eher nicht zutreffend | nicht zutreffend |

- Versuchen Sie, Ihre Einstufung jeder Antwortalternative zu begründen. Halten Sie die Begründung stichpunktartig fest.
- Lesen Sie nun die Erläuterungen zu jeder Antwortalternative und vergleichen Sie diese mit Ihren eigenen Begründungen.

■ Bedeutungen

Erläuterung zu a):
Schweizer sprechen nicht gern schweizerdeutsch mit Deutschen. Sie wollen auch nicht, dass ein Deutscher schweizerdeutsch spricht. Infolgedessen wird sich mit deutschen Gesprächspartnern auf Hochdeutsch unterhalten, auch wenn dieser den Dialekt versteht. Nur wenn ein Deutscher schon sehr lange mit Schweizern zusammenarbeitet, wird mit ihm schweizerdeutsch gesprochen, dies muss jedoch hart erarbeitet werden.

Erläuterung zu b):
Es kommt oft vor, dass eine Kommunikation zwischen Einheimischen und Ausländern, wenn sie nicht in einer gemeinsamen bekannten dritten Sprache stattfindet, in der Muttersprache der sozial höher stehenden Person erfolgt. Zwischen Herrn Maurer als Softwareanbieter und seinen Schweizer Kunden scheint ein solches Hierarchiegefälle aber nicht zu bestehen, zumal sie sich schon kannten und es jetzt nur noch um Preisverhandlungen geht. Solche Verhandlungen haben zudem eine Art öffentlichen Charakter, der es sinnvoll erscheinen lässt, eine eher beiden Partnern geläufige Hochsprache, also Hochdeutsch, Englisch oder Französisch, zu nutzen.

Erläuterung zu c):
Es ist nicht auszuschließen, dass Schweizerdeutsch für manchen Schweizer eine wichtige identitätsstiftende Funktion hat und sie stolz darauf sind, neben Deutsch, Französisch und Italienisch, als von den großen Nachbarn übernommene Sprachen, eine ganz eigenständige Sprache (kein Dialekt) zu besitzen, die über eine jahrhundertealte Tradition verfügt. Es ist aber höchst unwahrscheinlich, dass gerade die beiden Schweizer Geschäftspartner aus Stolz auf ihre schweizerdeutsche Sprache eine mögliche zweisprachige Verständigung ablehnen. Diese Deutung trifft nicht den Kern der Situation.

Erläuterung zu d):
Es ist höchst unwahrscheinlich, dass ausgerechnet Schweizer Geschäftspartner, die mit einem Deutschen über den Preis einer neuen Hardware verhandeln, so große Sprachschwierigkeiten haben, dass sie solche Preisverhandlungen zur Sprachausbildung nutzen wollen oder müssen. Dazu sind solche Geschäftsverhandlungen völlig ungeeignete Orte.

■ Lösungsstrategie

In der Schweiz gibt es zwei parallele Formen derselben Sprache, die offizielle Amtssprache »Schweizer Hochdeutsch« und den Dialekt »Schweizerdeutsch«, eine alemannische Mundart. Im Gegensatz zu Deutschland besteht ein deutlicher Gegensatz zwischen Dialekt und Standardsprache. Schweizerdeutsch wird in allen sozialen Schichten im mündlichen Bereich als Umgangssprache verwendet und hat ein höheres Sozialprestige als das Schweizer Hochdeutsch. Der Gebrauch des Dialekts ist auch im Umgang mit Behörden oder sozial höher gestellten Personen in jeder Situation üblich und gilt als Alltagssprache. Schweizer Hochdeutsch wird hauptsächlich für schriftliche Äußerungen verwendet. In den letzten Jahren kam es verstärkt zu Gebrauchsausweitungen des Dialekts. Handelt es sich zum Beispiel um private E-Mails oder SMS, wird Schweizerdeutsch auch in schriftlicher Form verwendet. Sogar in Gemeinde- und Kantonsparlamenten werden teilweise die Voten im Dialekt abgegeben. In privaten Radio- und Fernsehkanälen wird fast nur Mundart gesprochen. Obwohl Hochdeutsch die offizielle Sprache des Schulunterrichts ist, beschränken sich Lehrer darauf, nur den eigentlichen Unterricht in Hochdeutsch zu halten. Bemerkungen und Anweisungen werden allerdings in Schweizerdeutsch gemacht. Hochdeutsch wird als Sprache der Distanz und der Dialekt als Sprache der Nähe empfunden. Schweizer haben deshalb nur wenig Übung im mündlichen Gebrauch des Hochdeutschen und die eigentliche offizielle Amtssprache wird immer mehr zur Fremdsprache. Für einen Schweizer ist es daher nicht einfach, Hochdeutsch zu verstehen, wenn es mit dem für einen Deutschen üblichen Tempo gesprochen wird. Dies wissen die meisten Deutschen nicht und sind eher der Meinung, dass sie die gleiche Sprache sprechen wie die Schweizer und daher keine Missverständnisse entstehen können.

Wenn ein Schweizer und ein Deutscher in Hochdeutsch über anspruchsvolle Inhalte sprechen, muss der Deutsche sich stets bewusst sein, dass sich ein Schweizer, für den Hochdeutsch in der Regel die mühsam erlernte zweite Sprache ist, gegenüber einem Deutschen benachteiligt fühlt. Der Unterschied zwischen Schweizerdeutsch und Hochdeutsch ist zwar nicht so groß wie der zwischen Deutsch und einer anderen Schweizer Landessprache (Französisch, Italienisch, Rätoromanisch) oder europäischen Fremdsprachen (Englisch, Spanisch etc.), aber doch so erheblich, dass es einem Schweizer, sofern dieser es im beruflichen Umfeld gewohnt ist, Mundart zu sprechen, eine besondere Anstrengung abverlangt. Deutsche Gesprächspartner sollten dies angemessen würdigen, sonst wirkt die Gesprächsführung eines Deutschen für den Schweizer arrogant und ignorant.

Aus den genannten Gründen spricht ein Schweizer nur hochdeutsch, wenn es sich nicht vermeiden lässt. Trotzdem passen sie sich sprachlich an den Geschäftspartner an, weil es ihnen wichtiger ist, dass keine Komplikationen oder Missverständnisse aufgrund ihrer Sprache auftreten. Schweizer wechseln auf Wunsch des Deutschen sofort und anstandslos ins Hochdeutsche. Schließlich zollt man auf diese Art dem deutschen »Gast« Respekt. Es kann jedoch sein, dass man im Zuge der Diskussion wieder ins Schweizerdeutsch zurückfällt. Das ist jedoch keine Absicht.

Grundsätzlich wird mit Deutschen hochdeutsch gesprochen, auch wenn sie schon mehrere Jahre in der Schweiz leben und der Mundart mächtig sind. Herr Maurer sollte immer wieder darauf hinweisen, dass er Schweizerdeutsch versteht. Wenn er mehrmals betont, dass das Verständnis des Dialekts kein Problem darstellt, wird der Schweizer eventuell Schweizerdeutsch sprechen. Auf gar keinen Fall sollte Herr Maurer versuchen, schweizerdeutsch zu sprechen, denn das wird nicht geschätzt. Ein Grund hierfür ist, dass der Dialekt als Abgrenzung nach außen, gegenüber den Deutschen und somit der hochdeutschen Sprache, dient.

■ Kulturelle Verankerung von »Schweizerdeutsch«

Dieser Kulturstandard beschreibt den Umgang mit der Sprache »Schweizerdeutsch«. Ein Schweizer nimmt ganz selbstverständlich an, dass der Deutsche sich völlig bewusst ist, dass er in seiner gewohnten Muttersprache, der Schweizer aber in einer mühsam erlernten Fremdsprache am Gespräch teilnimmt. Der Schweizer erwartet deshalb vom Deutschen dieselbe Umsicht in Gesprächsführung und Gesprächsverhalten, als wenn das Gespräch in einer Fremdsprache stattfinden würde. Zeigt der Deutsche dieses Verständnis nicht, wird der Schweizer dies als territoriale Aggression und als völlig unangemessenes, einschüchterndes Verhalten werten. Die sprachlichen Barrieren behindern manchmal ein spontanes Zueinander, denn Schweizer untereinander sprechen nicht gern hochdeutsch. Hochdeutsch wird seit dem Ersten Weltkrieg wenig geschätzt und Schweizer haben aufgrund der geschichtlichen Ereignisse, vor allem wegen dem Nationalsozialismus, Vorurteile gegenüber den Deutschen und damit verbunden eine ablehnende Haltung gegenüber der hochdeutschen Sprache. Aufgrund der zwei Weltkriege und der Zwischenkriegszeit wurde das Schweizerdeutsch für die Schweizer Identität bestimmend und gilt heute noch als Mittel zur Abgrenzung gegenüber Deutschland (Lötscher, 1983). Sprachlich äußerte sich diese Abgrenzung darin, dass die oftmals mit Deutschland assoziierte Standardsprache kaum mehr als gesprochene Sprache verwendet wird. Bis zum Ersten Weltkrieg entsprach die Situation des Schweizerdeutschen derjenigen der anderen deutschen Dialekte. Im öffentlichen Leben wurde es jedoch immer mehr durch die Standardsprache verdrängt.

Seit den späten 1960er Jahren kann man beobachten, dass das Schweizerdeutsche in viele Bereiche vordringt, in welchen vorher ausschließlich Hochdeutsch verwendet wurde. Das Schweizerdeutsche genießt als Zeichen der schweizerischen und regionalen Identität eine hohe Wertschätzung. Verstärkt wurde diese Entwicklung vor allem durch den vermehrten Gebrauch des Dialekts in den Massenmedien Radio und Fernsehen in den 1980er Jahren. Durch die Etablierung neuer Techniken, wie SMS und E-Mails, die im eigentlichen Verwendungszweck der mündlichen Kommunikation dienen, sich jedoch als Kommunikationsmittel der geschriebenen Sprache bedienen, stieß das vorwiegend nur gesprochene Schweizerdeutsch auch in den schriftlichen Ausdruck vor und verstärkte dadurch die Mundartwelle. Mangels verbreiteter Standards bedient sich dabei jeder seiner eigenen Orthographie und in SMS-Nachrichten sind dabei zwecks Zeicheneinsparung häufig auch Abkürzungen und Anglizismen anzutreffen (Rusterholz u. Facon, 1996).

Basisdemokratie und Volksabstimmung sowie stark föderalistische Strukturen im Gemeinwesen und der Politik sowie vier offizielle Landessprachen sind in der Schweizer Psyche tief verwurzelt. Kein Schweizer wird seinen Gesprächspartner belächeln oder übervorteilen, bloß weil dieser sich in einer ihm ungewohnten (Landes-) Sprache ausdrückt, die nicht seine Muttersprache darstellt.

Themenbereich 3: Gesicht wahren

Beispiel 6: Die harmlose Kritik

Situation

Die Schweizer Firma, in der Herr Schubert seit einem Jahr im Bereich Controlling tätig ist, stellt Maschinen für Etiketten und Faltschachteln her. Herr Schubert soll seine Kollegen über die aktuellen Zahlen informieren. Dazu bereitet er eine Präsentation mit Diagrammen vor, in denen die diesjährigen Zahlen mit denen der letzten Jahre verglichen werden. Während der Vorstellung unterläuft ihm ein gravierender Fehler und er stellt fest, dass sein Schweizer Chef den Fehler ebenfalls bemerkt hat. Sein Chef unterbricht ihn allerdings nicht. Im Anschluss an die Präsentation bittet ihn sein Chef zu einem persönlichen Gespräch in sein Büro. Herr Schubert erwartet, dass er nun wegen des Fehlers erhebliche Ärger bekommt, denn er wäre bei etwas mehr Konzentration vermeidbar gewesen. Sein Vorgesetzter kritisiert ihn jedoch mit den Worten: »Ja, die Beschriftung war nicht ganz richtig, aber es haben ja alle gewusst, um was es geht und was wir präsentieren wollen. Beim nächsten Mal schauen wir einfach besser drauf.« Herr Schubert ist verwundert, dass die Kritik so harmlos ausfällt.

Wie lässt sich diese Situation erklären?

- Lesen Sie nun die Antwortalternativen nacheinander durch.
- Bestimmen Sie den Erklärungswert jeder Antwortalternative für die gegebene Situation und kreuzen Sie ihn auf der darunter befindlichen Skala an. Es ist möglich, dass mehrere Antwortalternativen den gleichen Erklärungswert besitzen.

Deutungen

a) Dem Schweizer Chef war der Fehler nicht so wichtig, um daraus eine große Sache zu machen.

|⌣⌣⌣⌣⌣⌣⌣⌣⌣**|**⌣⌣⌣⌣⌣⌣⌣⌣⌣**|**⌣⌣⌣⌣⌣⌣⌣⌣⌣**|**⌣⌣⌣⌣⌣⌣⌣⌣⌣|

| sehr zutreffend | eher zutreffend | eher nicht zutreffend | nicht zutreffend |

b) Der Schweizer Chef hatte die gesamte Präsentation von Herrn Schubert nicht in allen Details verstanden. Aufgefallen ist ihm nur die fehlerhafte Präsentationsüberschrift.

|⌣⌣⌣⌣⌣⌣⌣⌣⌣**|**⌣⌣⌣⌣⌣⌣⌣⌣⌣**|**⌣⌣⌣⌣⌣⌣⌣⌣⌣**|**⌣⌣⌣⌣⌣⌣⌣⌣⌣|

| sehr zutreffend | eher zutreffend | eher nicht zutreffend | nicht zutreffend |

c) Der Schweizer Chef ist von Herrn Schuberts hoch qualifizierter Präsentation begeistert und überrascht von seinen fachlichen Fähigkeiten. Er traut sich nicht, ihn detaillierter wegen des Fehlers zu kritisieren – aus Furcht, einer sich eventuell anschließenden fachlichen Diskussion nicht gewachsen zu sein.

|⌣⌣⌣⌣⌣⌣⌣⌣⌣**|**⌣⌣⌣⌣⌣⌣⌣⌣⌣**|**⌣⌣⌣⌣⌣⌣⌣⌣⌣**|**⌣⌣⌣⌣⌣⌣⌣⌣⌣|

| sehr zutreffend | eher zutreffend | eher nicht zutreffend | nicht zutreffend |

d) Der Schweizer Chef packt seine Kritik in »Watte«, um seinen Mitarbeiter nicht persönlich zu beleidigen.

|⌣⌣⌣⌣⌣⌣⌣⌣⌣**|**⌣⌣⌣⌣⌣⌣⌣⌣⌣**|**⌣⌣⌣⌣⌣⌣⌣⌣⌣**|**⌣⌣⌣⌣⌣⌣⌣⌣⌣|

| sehr zutreffend | eher zutreffend | eher nicht zutreffend | nicht zutreffend |

– Versuchen Sie, Ihre Einstufung jeder Antwortalternative zu begründen. Halten Sie die Begründung stichpunktartig fest.
– Lesen Sie nun die Erläuterungen zu jeder Antwortalternative und vergleichen Sie diese mit Ihren eigenen Begründungen.

Bedeutungen

Erläuterung zu a):
Nach der Situationsschilderung und den Bemerkungen des Chefs war der Fehler wohl für alle Anwesenden offensichtlich. Deshalb

wäre zu erwarten gewesen, dass er vor allen Beteiligten eine Bemerkung dazu macht, schon um deutlich zu machen, dass auch ihm der Fehler aufgefallen ist. Alles andere wäre doch eine Blamage für ihn und die Firma. Die Deutung befriedigt nicht so recht.

Erläuterung zu b):
Der Fehler war so offensichtlich und der Schweizer Chef erscheint, wie der Situationsschilderung zu entnehmen ist, durchaus fachlich so qualifiziert, dass er nicht nur den Fehler bemerkt hat, sondern auch davon überzeugt ist, dass die Zuhörer trotz des Fehlers den Ausführungen von Herrn Schubert weiter folgen konnten. Mangelnde fachliche Qualifikation oder Führungsschwäche begründen sein Verhalten sicherlich nicht.

Erläuterung zu c):
Ein Schweizer Vorgesetzter, wie er im Beispiel geschildert wird, ist sicher qualifiziert genug, eine Diskussion mit Herrn Schubert über den Präsentationsfehler zu bestehen, oder er hat genügend Macht und Einfluss, eine möglicherweise kontrovers verlaufende Diskussion nach den kritischen Bemerkungen zu unterbinden. Angst vor einer Diskussion ist sicher nicht der Beweggrund, dass der Schweizer Chef so harmlos und verständnisvoll auf den Fehler reagiert.

Erläuterung zu d):
Der Chef spricht einen offensichtlichen, aber nicht schwerwiegenden Fehler an. Es reicht als Signal, Herrn Schubert ins Büro zu bitten und ihn auf den Fehler aufmerksam zu machen, ohne ihn zu beleidigen. Ziel ist es, dass solche Fehler zukünftig möglichst nicht mehr passieren. Direkte Anschuldigungen oder offene Kritik gegenüber Mitarbeitern sind selten. Diese Antwort beschreibt den Grund für das Verhalten des Schweizer Chefs am zutreffendsten.

■ Lösungsstrategie

Aus seinen bisherigen beruflichen Erfahrungen in Deutschland weiß Herr Schubert, dass vermeidbare Pannen bei einer wichtigen Präsentation unangenehme Folgen haben, zum Beispiel eine deutliche Rüge bei der nächsten Arbeitsbesprechung verbunden mit der peinlichen Nachfrage, wie denn die Panne überhaupt passieren konnte, gefolgt von einer Belehrung und einer Mahnung an alle, solche Fehler zukünftig tunlichst zu vermeiden. Nun erfährt er, dass das in der Schweiz offensichtlich anders gehandhabt wird. Die Panne wird nicht einfach übersehen, übergangen oder totgeschwiegen, aber sie wird auch nicht öffentlich zur Schau gestellt. Sie wird eher zurückhaltend und diplomatisch geäußert. Wo ist der Vorteil, wenn man die betreffende Person »in die Pfanne haut«? Der Schweizer ist pragmatisch und versucht primär Konfrontationen aus dem Weg zu gehen. Als Chef muss ich in einer solchen Veranstaltung nicht beweisen, dass ich besser bin als meine Mitarbeiter. Wenn ich einen Mitarbeiter in einer solchen Situation bloßstellen würde, würde das höchstens aufzeigen, dass wir das Thema nicht vorbesprochen haben.

Das Wichtigste im Fall von Kritik ist ein äußerst behutsames Vorgehen. Möchten Sie der Schweizer Denkweise entsprechend handeln, gilt es immer darauf zu achten, dass Ihr Gegenüber sein Gesicht wahren kann und Sie die andere Person nicht bloßstellen. Schweizer fassen einander nicht so direkt und hart an, wie das die Deutschen gewohnt sind. Bei Kritik wird gern gesehen, zuerst die positiven Seiten zu erwähnen und dann im Nebensatz auf »Verbesserungspotenzial« für die Zukunft hinzuweisen. Wenn sich auf dieses Gespräch hin nichts ändern sollte, darf man den Sachverhalt etwas direkter ansprechen, im Sinne von: »Wir haben ja bereits über unser Qualitätsverständnis gesprochen. Leider ist Ihre Präsentation noch nicht ganz auf diesem Level.«

Deutsche drücken sich im Vergleich zu Schweizern sehr direkt, punktgenau und oft auch sehr hart aus. Dies kann von einem Schweizer als persönliche Beleidigung empfunden werden und wäre für den Aufbau einer Beziehung eher hinderlich. Grundsätzlich kritisiert man in der Schweiz Personen nie öffentlich vor anderen Personen, insbesondere nicht die eigenen Mitarbeiter.

■ Beispiel 7: Die ewige Besprechung

■ Situation

In der Firma, in der Frau Canstein seit zwei Jahren als Entwicklerin für Verpackungen tätig ist, treffen sich alle zwei Monate insgesamt neun Leiter der unterschiedlichen Abteilungen zu einer Ansprache. In der heutigen Runde sitzt Frau Canstein mit ihren Schweizer Kollegen in einer Besprechung zum Thema Qualitätsstandards zusammen. Jeder Teilnehmer ist bereits zu Wort gekommen und die Besprechung dauert nun schon mehr als zwei Stunden. Am Ende der Sitzung ergreift der Schweizer Kollege Herr Kohn noch einmal das Wort und thematisiert das bereits Gesagte ein weiteres Mal, nur aus einer etwas anderen Perspektive. Alle Teilnehmer hören ihm gespannt zu. Alles, was Herr Kohn sagt, ist bereits von anderen Kollegen erwähnt worden. Nichts Neues kommt hinzu. Daher unterbricht Frau Canstein ihn mit den Worten: »Das hatten wir bereits besprochen. Können wir nun langsam zum Ende kommen?« Alle Teilnehmer sehen Frau Canstein erschrocken an. Herr Kohn hört mitten im Satz auf zu sprechen und sagt kein Wort mehr. Eine eisige Stimmung breitet sich aus.

Wie lässt sich diese Situation erklären?

- Lesen Sie nun die Antwortalternativen nacheinander durch.
- Bestimmen Sie den Erklärungswert jeder Antwortalternative für die gegebene Situation und kreuzen Sie ihn auf der darunter befindlichen Skala an. Es ist möglich, dass mehrere Antwortalternativen den gleichen Erklärungswert besitzen.

■ Deutungen

a) Die Schweizer lassen einander ausreden und jeder darf sagen, was er will.

sehr zutreffend   eher zutreffend   eher nicht zutreffend   nicht zutreffend

b) Die Schweizer lieben es, alles immer und immer wieder zu wiederholen, und zwar so lange, bis sich jeder die besprochenen Details eingeprägt hat.

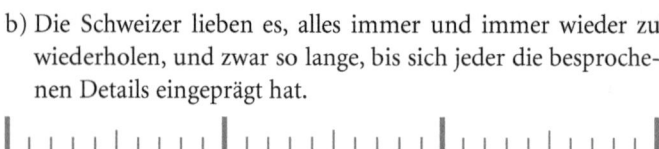

| sehr zutreffend | eher zutreffend | eher nicht zutreffend | nicht zutreffend |

c) Frau Canstein hat nicht auf die Feinheiten der Ausführungen von Herrn Kohn geachtet. Die Schweizer Kollegen haben verstanden, was er alles »zwischen den Zeilen« verdeutlicht hat.

| sehr zutreffend | eher zutreffend | eher nicht zutreffend | nicht zutreffend |

d) Die Schweizer Kollegen verstehen nicht, warum Frau Canstein Herrn Kohn unterbricht. Nach ihrer Meinung kommen die wichtigsten Erläuterungen zum Sachverhalt ja erst noch.

| sehr zutreffend | eher zutreffend | eher nicht zutreffend | nicht zutreffend |

– Versuchen Sie, Ihre Einstufung jeder Antwortalternative zu begründen. Halten Sie die Begründung stichpunktartig fest.
– Lesen Sie nun die Erläuterungen zu jeder Antwortalternative und vergleichen Sie diese mit Ihren eigenen Begründungen.

■ Bedeutungen

Erläuterungen zu a):
Der Schweizer ist sehr präzise. Um einen Sachverhalt aus einer etwas anderen Perspektive zu betrachten, nimmt er Dopplungen in Kauf. Es gilt als sehr unhöflich, den Sprecher zu unterbrechen. Der Respekt gebietet es, eine Person aussprechen zu lassen. Dieser Respekt geht über alles. Man gibt jedem Teilnehmer die Möglichkeit, seine Meinung und damit sich selbst darzustellen. Diese Antwort erklärt die Situation am besten.

Erläuterungen zu b):
Es gibt Kulturen, zum Beispiel China, in denen es üblich ist, zur

Unterstreichung eines Sachverhalts und der Betonung seiner Bedeutung Wiederholungen vorzunehmen. Besonders höherstehende Personen wiederholen bereits Gesagtes gern, um ihm die nötige Legitimation zu verleihen und vor allem Abteilungsmitarbeitern deutlich zu machen, dass dies die Richtlinie für zukünftiges Handeln ist, der Maßstab zu sein hat. Es ist aber unwahrscheinlich, dass Schweizer in einer dienstlichen Besprechung von einem Kollegen reine Wiederholungen des bereits Gesagten zur sachlichen Würdigung benötigen. Diese Deutung ist so nicht zutreffend.

Erläuterungen zu c):
Immerhin ist Frau Canstein schon zwei Jahre in der Firma und diese Besprechungen finden alle zwei Monate statt. Es ist also anzunehmen, dass sie inzwischen unterscheiden kann, was, wie, warum gesagt wird. So wie es aus der Situationsschilderung hervorgeht, hat Herr Kohn einfach alles noch einmal wiederholt, was womöglich alle gelangweilt hat, wenn auch die Schweizer Kollegen so getan haben, als hörten sie ihm gespannt zu.

Erläuterungen zu d):
Es kann schon sein, dass Herr Kohn die eigentlich neuen Überlegungen für den Schluss seiner Darlegungen vorgesehen hat und durch die Unterbrechung von Frau Canstein sie nicht mehr anbringen konnte. Andererseits ist es unüblich, langatmig alles Gesagte zu wiederholen und dann erst mit wichtigen neuen Informationen herauszukommen. Die Wiederholungen langweilen die Zuhörer und es erwartet niemand mehr etwas Neues. Herr Kohn hat wohl auch keine so hohe Position in der Abteilung inne, da Frau Canstein es wagt, ihm einfach das Wort abzuschneiden. Allerdings erklärt diese Deutung die Reaktionen der Schweizer Kollegen auf die Intervention von Frau Canstein nicht.

▪ Lösungsstrategie

Frau Canstein hat eine bestimmte Vorstellung, wie stringent, sachorientiert und zeitbetont Besprechungen durchzuführen sind. Sie sieht es als ihre Aufgabe an, unnötige Wiederholungen zu vermeiden. Das hält nur den Betrieb auf. Jedoch ist die Art und Weise, wie sie Herrn Kohn das Wort abschneidet und seine Ausführungen rügt: »Das hatten wir bereits besprochen!«, für Schweizer Verhältnisse zu direkt und beleidigend. So bringt sie alle gegen sich auf. So geht man eben nicht mit Mitarbeitern um. »Können wir nun langsam zum Ende kommen?« ist hingegen eine implizierte Aussage über die eigenen Werte, die ganz offensichtlich über die des Kollegen gestellt werden.

Schweizer sind Basisdemokratie gewöhnt und haben ein hohes Konsensbedürfnis. Rasche und verbindliche Entscheide aufgrund gesicherter, einfacher Mehrheiten sind eher unüblich. Schweizer werden angesichts wichtiger anstehender Entscheide nicht nur jeden Meinungsträger einmal zu Worte kommen lassen, sondern nach Anhörung aller Meinungen auch denjenigen nochmals zu Wort kommen lassen, der seine eigene Position aufgrund der umfassenden Meinungsäußerung aus einer neuen Perspektive darstellen oder eine geänderte Meinung kundtun möchte.

Frau Canstein hätte in einem kurzen Einleitungssatz den Kollegen und seinen Beitrag wertschätzen sollen, danach sachlich begründen, weshalb zügig zum Ende gekommen werden soll. Das harsche Intervenieren wird hingegen als unfreundlich und beleidigend empfunden. Dass im Geschäftsleben sachliche vor menschlichen Aspekten kommen, gilt als typisch deutsche »Unart«. Der Schweizer kann häufig den Inhalt nicht von der Beziehung trennen. Daher fällt es Schweizern auch sehr schwer, einen Kollegen zu unterbrechen, der bekanntermaßen zu Wiederholungen neigt.

Alles, was zu einem Konflikt führen kann, versucht man in der Schweiz zu vermeiden. Wichtig ist, dass das Arbeitsklima stimmt, und das leidet häufig unter solchen Auseinandersetzungen. Man versucht, nicht in die Offensive zu gehen, und ist vor allem nicht vorlaut, so wie Frau Canstein in dieser Situation. Die Schweizer haben eine sehr friedliebende Mentalität. Man wird niemanden bloßstellen, sondern eher versuchen, dem Kollegen durch Andeutungen Signale zu geben.

Beispiel 8: Das Vertriebsmeeting

Situation

Frau Weber ist seit zwei Jahren als Leiterin des Qualitätsmanagements in einem Schweizer Pharmaunternehmen tätig. Sie arbeitet eng mit Schweizer Kollegen aus dem Vertrieb zusammen. Um einige Neuerungen mit der kompletten Abteilung Vertrieb zu klären, beruft sie eine Sitzung ein. Nach der Behandlung der Sachthemen spricht Frau Weber noch ihre Unzufriedenheit mit der Arbeit zweier Vertriebsmitarbeiter an. Diesen ist vor kurzem ein grober Fehler unterlaufen, über den bislang nicht gesprochen wurde. Sie erläutert den Betroffenen ausführlich, was sie hätten tun sollen, dass sie von Anfang an falsche Informationen eingeholt hatten, was sie bei etwas mehr Sorgfalt hätten bemerken müssen. Die beiden betroffenen Schweizer Kollegen geben auf die Kritik von Frau Weber keine Antwort, rechtfertigen sich nicht und wirken äußerst beleidigt.

Wie lässt sich das Verhalten der beiden Vertriebsmitarbeiter erklären?

- Lesen Sie nun die Antwortalternativen nacheinander durch.
- Bestimmen Sie den Erklärungswert jeder Antwortalternative für die gegebene Situation und kreuzen Sie ihn auf der darunter befindlichen Skala an. Es ist möglich, dass mehrere Antwortalternativen den gleichen Erklärungswert besitzen.

Deutungen

a) Von einer Deutschen wollen sich Schweizer nicht kritisieren lassen, weil sie sich ihnen überlegen fühlen.

| sehr zutreffend | eher zutreffend | eher nicht zutreffend | nicht zutreffend |

b) Die Schweizer haben den Eindruck, dass die Besprechung von Frau Weber nur angesetzt wurde, um die beiden Kollegen zu kritisieren. So etwas wird in der Schweiz als unhöflicher Akt betrachtet.

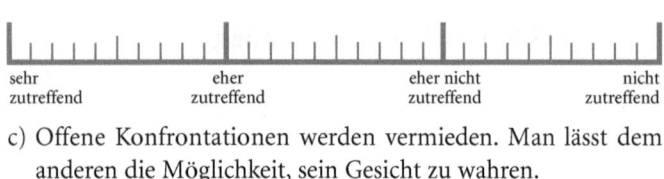

| sehr zutreffend | eher zutreffend | eher nicht zutreffend | nicht zutreffend |

c) Offene Konfrontationen werden vermieden. Man lässt dem anderen die Möglichkeit, sein Gesicht zu wahren.

| sehr zutreffend | eher zutreffend | eher nicht zutreffend | nicht zutreffend |

d) Frau Weber glaubt in der Arbeit der Schweizer Kollegen einen Fehler entdeckt zu haben, doch weder die beiden Betroffenen noch ihre Schweizer Kollegen vertreten diese Meinung und sind völlig sprachlos.

| sehr zutreffend | eher zutreffend | eher nicht zutreffend | nicht zutreffend |

– Versuchen Sie, Ihre Einstufung jeder Antwortalternative zu begründen. Halten Sie die Begründung stichpunktartig fest.
– Lesen Sie nun die Erläuterungen zu jeder Antwortalternative und vergleichen Sie diese mit Ihren eigenen Begründungen.

■ Bedeutungen

Erläuterungen zu a):

Niemand liebt es, kritisiert zu werden, schon gar nicht in einer Abteilungsbesprechung, also quasi in aller Öffentlichkeit. Oft wird gerade von Ausländern geäußerte Kritik abgelehnt, weil man meint, sie könnten die landes- und kulturspezifischen Besonderheiten nicht kennen oder fachlich einschätzen, eben weil sie Ausländer sind. Diese Deutung unterstellt aber, dass Schweizer sich Deutschen generell überlegen fühlen und keinerlei Kritik, wenn sie auch sachlich noch so gut begründet ist, akzeptieren. Diese vorurteilsbehaftete generelle Deutung des Verhaltens der Schweizer ist nicht zufriedenstellend.

Erläuterungen zu b):

Eine Arbeitsbesprechung mit einer sachlichen Zielsetzung anzusetzen, nur zu dem Zweck, anwesende Personen vor allen anderen zu kritisieren, kommt zwar vor, wird jedoch überall negativ bewertet. Aus der Situation geht aber klar hervor, dass der Zweck der Sitzung darin besteht, bevorstehende Neuerungen zu besprechen. Zumindest aus Sicht von Frau Weber hat sie danach die Gelegenheit, die Fehler der beiden Schweizer Kollegen zur Sprache zu bringen und sie zu diskutieren. Aber zur Diskussion kann es nicht mehr kommen, da die Schweizer kein Wort mehr zu den vorgetragenen und gut begründeten Sachverhalten sagen, sondern nur noch beleidigt reagieren. Diese Deutung trifft den Sachverhalt offensichtlich nicht.

Erläuterungen zu c):
Anders als in Deutschland werden Kritik und Missstände niemals in allgemeinen Besprechungen thematisiert, auch wenn ein vertrauensvolles Verhältnis zwischen den Mitarbeitern und den Vorgesetzten herrscht. Es wird als sehr unangenehm empfunden, wenn Kritik im Beisein Dritter geäußert wird, sowohl für die kritisierte Person als auch für diejenigen, die die Kritik unfreiwillig mit anhören müssen. Falsch ist in diesem Fall immer das Verhalten der Person, die die Kritik äußert. Da Frau Weber allerdings schon seit zwei Jahren in der Firma tätig ist, meint sie, das Verhalten in der kleinen Runde ansprechen zu können. Doch gerade deutsche Vorgesetzte sollten sich sehr zurücknehmen, da Meinungsverschiedenheiten und Konflikte immer im kleinen Kreis, das heißt unter vier Augen, ausgetragen werden, sicher nicht in der Öffentlichkeit. Diese Antwort erklärt die Situation am besten.

Erläuterungen zu d):
Da Frau Weber schon seit zwei Jahren eng mit den Schweizer Kollegen aus dem Vertrieb zusammenarbeitet, Leiterin des Qualitätsmanagements ist und selbstständig Abteilungsbesprechungen einberufen darf, ist sie sicher keine Anfängerin mehr. Als erfahrene Führungskraft weiß sie definitiv zu entscheiden, was eine korrekte und was eine fehlerhafte Arbeitsdurchführung ist. Es ist auch nicht wahrscheinlich, dass in einem Schweizer Pharmaunternehmen, das eine deutsche Abteilungsleiterin beschäftigt, unterschiedliche Qualitätsmaßstäbe in der Vertriebsarbeit vorherrschen. Eine andere Deutung wird das Verhalten der Schweizer Mitarbeiter zutreffender erklären.

■ Lösungsstrategie

Frau Weber sollte mehr Sensibilität für die zurückhaltende Art der Schweizer aufbringen. Auch in Deutschland würde es niemandem gefallen, wenn Kritik offen vor anderen geäußert wird. Die »deutsche« Art, Kritik zu äußern, das heißt direkt und vor anderen im Team, wird als grobe und fast unverzeihliche Unhöflichkeit angesehen.

Frau Weber könnte den Fehler in Einzelgesprächen mit ihren Mitarbeitern ansprechen und gemeinsam mit ihnen eine Lösungsstrategie suchen, wie diese Fehler ausgebügelt und in Zukunft vermieden werden können. Je mehr Vertrauen im Team herrscht, desto eher ist es möglich, Fehler anzusprechen. Wichtig ist in diesem Fall, dass dies immer unter vier Augen geschieht und die Lösung für das Problem gemeinsam gesucht wird und nicht, wie es in Deutschland häufig der Fall ist, eine zukünftige Vorgehensweise vom Vorgesetzten bestimmt wird.

■ Kulturelle Verankerung von »Gesicht wahren«

Der Kulturstandard beschreibt den Umgang und das Äußern von Kritik unter Einhaltung der Tugenden Loyalität und Wertschätzung jeder Person und jeder Meinung. Die Schweiz ist ein stark außenorientiertes Land, geprägt von der Exportabhängigkeit, dem Tourismus, dem Privatbankengeschäft und der Diplomatie. Außerdem ist die Schweiz stark föderalistisch und ihre Bewohner sind neutralitätsorientiert erzogen. Dies bringt die hohe Bereitschaft zum Dialog mit sich und das Ziel, dem Gegenüber stets die Wahrung seines Gesichts zu ermöglichen und Beziehungen nicht leichtfertig zu zerstören. Ein Grund hierfür ist eventuell, dass die Schweiz ein eher kleines Land ist, sich die Bewohner immer wieder über den Weg laufen und demnach möglichst einträchtig zusammenleben müssen.

Die Schweiz als Willensnation ist es gewohnt, politisch korrekt vorzugehen und sich gegenseitig nicht vor den Kopf zu stoßen. Oft sagt man den Schweizern nach, konsenssüchtig zu sein, was bereits in den kritischen Interaktionssituationen zum Kulturstandard »Konsensorientierung« deutlich wurde. Wichtig ist daher immer, vor einer Entscheidung sämtliche Sichtweisen zu prüfen. Vieles hat wohl mit dem demokratischen System, dem Föderalismus sowie den Schweizer Wertvorstellungen zu tun. Richtig oder falsch sind in der Schweiz viel weniger absolute Werte als in Deutschland. Deshalb gibt es in der Schweiz auch keine Volksparteien und kein Regierungs- oder Oppositionssystem. Schon im Bundesbrief von 1291 (Gründungsurkunde der Schweizerischen Eidgenossenschaft) steht geschrieben: »Das öffentliche Ansehen und Wohl erfordert, dass Friedensordnungen dauernde Geltung gegeben werde [...]. Entsteht Streit unter Eidgenossen, so sollen die Einsichtigsten unter ihnen vermitteln und dem Teil, der den Spruch zurückweist, die anderen entgegentreten.«

Als Leitsatz gilt in der Schweiz: Behandle deine Mitmenschen so, wie du selbst gern behandelt werden möchtest, und zwar mit Respekt. Den Deutschen wird sehr oft nachgesagt, dass sie sehr direkt und mit ausgefahrenen Ellbogen agieren. Man sollte sich als Deutscher nicht unaufgefordert in eine Diskussion einmischen und nicht zu harsch kritisieren. Außerdem ist bei Kritik wichtig, dass sie konstruktiv formuliert wird (Ich-Botschaften statt Anschuldigungen, Verbesserungsvorschläge) und die Anmerkungen des Gegenübers angenommen werden. Entstehen Unklarheiten, unbedingt beim Gegenüber nachfragen, was gemeint ist, und nicht gleich die Auseinandersetzung suchen. Die Schweiz ist ein sehr friedliebendes Land und steht heute für eine unbedingte Neutralitätspolitik. Ihren letzten Krieg führten sie vor 160 Jahren im eigenen Land. Er dauerte nur vier Wochen. Die Schweizer leben friedlich zusammen, jede Meinung wird angehört und falls Kritik geäußert werden muss, wird sie positiv formuliert und nie vor anderen, um das einträchtige Zusammenleben nicht zu zerstören.

■ Themenbereich 4: Etikette

■ Beispiel 9: Der Telefonanruf

■ Situation

Frau Sommer arbeitet seit zwei Jahren als Verpackungsentwicklerin bei der größten Schweizer Bäckerei. Sie teilt sich mit ihrem Schweizer Kollegen Herrn Wyss, ebenfalls zuständig für die Verpackungsentwicklung, ein Büro. Zu Frau Sommers Aufgaben gehört die Bestellung unterschiedlichster Artikel. Frau Sommer ruft für die heutige Bestellung einen Schweizer Lieferanten an. Mit diesem Lieferanten ist sie sehr zufrieden und hat schon einige Male bei ihm bestellt. Nach einem freundlichen »Grüezi« gibt sie ihm ihre Bestellung durch, bedankt sich für eine baldige Lieferung und verabschiedet sich freundlich. Der Kollege Herr Wyss sieht Frau Sommer mit großen Augen an und wirft den Kommentar »Verdammt knapp gewesen, oder?« in den Raum.

Wie lässt sich das Verhalten von Herrn Wyss erklären?

– Lesen Sie nun die Antwortalternativen nacheinander durch.
– Bestimmen Sie den Erklärungswert jeder Antwortalternative für die gegebene Situation und kreuzen Sie ihn auf der darunter befindlichen Skala an. Es ist möglich, dass mehrere Antwortalternativen den gleichen Erklärungswert besitzen.

■ Deutungen

a) Herr Wyss hatte das von Frau Sommer angesprochene »Grüezi« nicht richtig verstanden. Da das Wort falsch betont wurde, konnte es als Befehl, sofort zu liefern, verstanden werden.

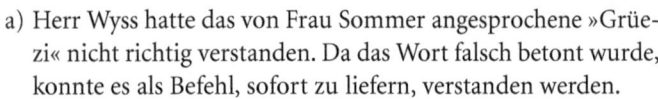

| sehr zutreffend | eher zutreffend | eher nicht zutreffend | nicht zutreffend |

b) Schweizer gebrauchen »Grüezi« nur als Begrüßung bei sehr guten Freunden.

| sehr zutreffend | eher zutreffend | eher nicht zutreffend | nicht zutreffend |

c) Herr Wyss hat am Verhalten von Frau Sommer immer etwas auszusetzen. Da er sie nicht leiden kann, kritisiert er ihr Verhalten, wann immer sich eine Gelegenheit dazu bietet.

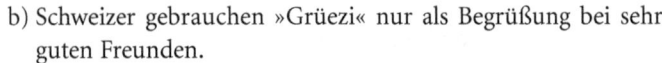

| sehr zutreffend | eher zutreffend | eher nicht zutreffend | nicht zutreffend |

d) Frau Sommer hat schon oft mit dem Lieferanten zu tun gehabt und unterhält eine positive Geschäftsbeziehung zu ihm. Dieser hat gelernt, dass Frau Sommer immer sehr kurz und sachlich kommuniziert und keine personenbezogenen Fragen stellt. Er hat sich inzwischen an die knappen Gespräche gewöhnt.

| sehr zutreffend | eher zutreffend | eher nicht zutreffend | nicht zutreffend |

– Versuchen Sie, Ihre Einstufung jeder Antwortalternative zu begründen. Halten Sie die Begründung stichpunktartig fest.
– Lesen Sie nun die Erläuterungen zu jeder Antwortalternative und vergleichen Sie diese mit Ihren eigenen Begründungen.

■ Bedeutungen

Erläuterungen zu a):
Verwechslungen dieser Art zwischen Personen, die nicht alle dieselbe Muttersprache sprechen, können vorkommen und zu folgenreichen Missverständnissen führen. Hier geht es aber nicht um das Aussprechen von »Grüezi«, sondern darum, dass Herrn Wyss die Kürze der Verabschiedung verwunderlich erscheint, weil das in der Schweiz unüblich ist. Man verabschiedet sich mit einigen weiteren unverbindlichen, freundlichen Sätzen.

Erläuterungen zu b):
»Grüezi« ist bei Schweizern eine übliche und geläufige Art der Anrede und wird nur zur Begrüßung – niemals beim Abschied – einer oder mehrerer Personen, die man siezt, benutzt. Bei Personen, mit denen man per Du ist, wird Grüezi eher selten gebraucht, stattdessen wird der Ausdruck »Hoi« verwendet. Ist der Nachname der begrüßten Person bekannt, wird mit »Grüezi Herr/Frau ...« gegrüßt. Grüezi ist tageszeitunabhängig und wird rund um die Uhr verwendet. Diese Deutung trifft deshalb nicht zu.

Erläuterungen zu c):
Die gesamte Situationsschilderung lässt diese Deutung eigentlich nicht zu, denn von Missverständnissen zwischen beiden Kollegen wird nicht berichtet. Auch die Art, wie Herr Wyss reagiert: »Verdammt knapp gewesen, oder?«, besonders durch das fragende »Oder«, passt nicht zu dieser Deutung.

Erläuterungen zu d):
Tatsächlich gilt es in der Schweiz auch zwischen Geschäftspartnern als höflich, am Anfang eines Gesprächs Smalltalk zu pflegen, sich gegenseitig nach dem Wohlbefinden zu erkundigen und so die guten, persönlichen Beziehungen zu betonen und zu dokumentieren. Vermutlich hat sich der Schweizer Lieferant an den kurzen Kommunikationsstil von Frau Sommer gewöhnt, so dass es zwischen ihnen keine Missverständnisse gibt. Herr Wyss kann sich aber eine Art Verwarnung oder vorsichtigen Hinweis auf die in der Schweiz üblichen Höflichkeitsregeln, aus kollegialer Ver-

bundenheit heraus, nicht verkneifen. Mit dieser Antwort haben Sie den Kern der Situation getroffen.

■ Lösungsstrategie

Frau Sommer ist es von ihren Geschäftserfahrungen in Deutschland sicher gewohnt, mit Geschäftspartnern höflich, aber auch ausschließlich sachorientiert zu kommunizieren. Fragen zum persönlichen Wohlergehen, nach Freizeitaktivitäten und Urlaubserfahrungen etc. können schnell aufdringlich, anbiedernd und distanzlos wirken. Wenn Herr Wyss sie nun dahingehend fragt, ob denn das »Grüezi« nicht etwas zu kurz war, kann Frau Sommer dies zum Anlass nehmen, mit ihm über deutsche und Schweizer Höflichkeitsregeln zu diskutieren, und auch darüber, wie sie sich den jeweiligen Gepflogenheiten anpasst und welche Konsequenzen unangepasstes und durchsetzungsorientiertes, dominantes Verhalten hat. Interessant wäre es für Frau Sommer außerdem zu erfahren, was denn in der Schweiz als distanzloses und aufdringliches Verhalten gilt.

Was Frau Sommer freundlich erscheint, stellt sich für einen Schweizer noch lange nicht so dar. Der Kommentar von Herrn Wyss deutet darauf hin, dass Frau Sommer zu »kurz angebunden« war. Sie hätte sich vor ihrem geschäftlichen Anliegen noch über das Befinden des Lieferanten erkundigen müssen bzw. ein bisschen Smalltalk machen können, zum Beispiel mit Äußerungen wie: »Wie ist das Wetter bei Ihnen?« Mit Lieferanten, Kunden und Geschäftspartnern wird am Anfang ein persönliches Gespräch geführt, um sich auf das Gegenüber einzustimmen. Wenn man in der Schweiz einfach geradeaus sagt, was man will, ohne vorher ein wenig unverbindlich zu plaudern, wird man geschäftlich nicht das erreichen, was man möchte. Gute Beziehungen sind das A und O des Geschäftslebens. In der Schweiz werden Geschäftsinteraktionen in der Regel sehr beziehungsorientiert und weniger sachlich gestaltet. Das verwirrt Deutsche, die nicht gern um den heißen Brei herumreden und erst nach längerer Zeit persönlich werden.

Ein Schweizer kommt nie direkt zum Thema. Zunächst wird ein situationsangemessener Gesprächseinstieg gesucht und erst nach ein paar Minuten über das tatsächliche Thema gesprochen. Aus diesem Grund wirken Schweizer sehr nett und wenig direkt. Das hat sicher mit der Bescheidenheit der Schweizer zu tun. Man sagt nicht einfach gerade heraus, was man denkt, sondern es wird schön verpackt.

■ Beispiel 10: Das private Gespräch

■ Situation

Frau Müller arbeitet seit drei Monaten in der Schweiz als Projektmanagerin im Bereich Nahrungsergänzungsmittel. Sie erhält einen Anruf von ihrem Schweizer Geschäftspartner Herrn Meyer. Frau Müller hat sehr viel zu tun und kaum Zeit, zu telefonieren. Statt gleich auf den Punkt zu kommen, fragt Herr Meyer: »Wie geht es Ihnen, Frau Müller?« und »Haben Sie sich schon gut eingelebt in der Schweiz?«, »Was ist heute nur für ein schönes Wetter?«. Frau Müller gibt knappe Antworten und wartet darauf, dass Herr Meyer den Grund seines Anrufes nennt. Doch Herr Meyer spricht hauptsächlich über Privates. Frau Müller ist überrascht von dem Verhalten des Schweizer Geschäftspartners.
Wie lässt sich diese Situation erklären?

- Lesen Sie nun die Antwortalternativen nacheinander durch.
- Bestimmen Sie den Erklärungswert jeder Antwortalternative für die gegebene Situation und kreuzen Sie ihn auf der darunter befindlichen Skala an. Es ist möglich, dass mehrere Antwortalternativen den gleichen Erklärungswert besitzen.

■ Deutungen

a) Herr Meyer hat sich bei anderen über Frau Müller erkundigt und möchte sie privat kennenlernen.

| sehr zutreffend | eher zutreffend | eher nicht zutreffend | nicht zutreffend |

b) Herr Meyer will nicht allein formell geschäftlich verhandeln, er will wissen, was für eine Person hinter der Geschäftspartnerin Frau Müller steckt.

| sehr | eher | eher nicht | nicht |
| zutreffend | zutreffend | zutreffend | zutreffend |

c) Da Frau Müller noch neu in der Firma ist und Herr Meyer Interesse an guten Geschäftskontakten hat, versucht er sich mit ein wenig Smalltalk gut einzuführen.

| sehr | eher | eher nicht | nicht |
| zutreffend | zutreffend | zutreffend | zutreffend |

d) Herr Meyer möchte nur wissen, ob Frau Müller im Büro anwesend ist, denn er beabsichtigt, sie wegen einer wichtigen persönlichen Angelegenheit aufzusuchen.

| sehr | eher | eher nicht | nicht |
| zutreffend | zutreffend | zutreffend | zutreffend |

– Versuchen Sie, Ihre Einstufung jeder Antwortalternative zu begründen. Halten Sie die Begründung stichpunktartig fest.
– Lesen Sie nun die Erläuterungen zu jeder Antwortalternative und vergleichen Sie diese mit Ihren eigenen Begründungen.

■ Bedeutungen

Erläuterungen zu a):
Wenn Herr Meyer wirklich ein persönliches Interesse an Frau Müller hätte, würde er dazu sicherlich nicht das Telefon nutzen, sondern sie zum Essen einladen und sich erkundigen, ob sie sein Angebot annimmt. Höflichkeitsfloskeln am Telefon sind da nicht zielführend, zudem er bemerken muss, dass Frau Müller eigentlich keine Zeit für ihn hat.

Erläuterungen zu b):
Herrn Meyer liegt das Wohlbefinden von Frau Müller am Herzen, da der Umzug in die Schweiz nicht unbedeutend ist. So

möchte er sich einfach nach ihrem Zustand erkundigen, um ihr vielleicht auch helfen zu können, sich besser einzuleben. In der Schweiz ist es wichtig, zuerst eine Beziehung aufzubauen, erst dann kommt das Geschäft. So ein Smalltalk gehört dazu. Zu wissen, wie es den Geschäftspartnern geht, ist schlussendlich auch wichtig für einen selbst, da vom Wohlbefinden jedes Einzelnen nur profitiert werden kann.

Erläuterungen zu c):
Als Projektmanagerin ist Frau Müller für Schweizer Geschäftspartner sicher wichtig und freundliche sowie vertrauensstiftende Kontakte sind hier hilfreich. Da Herr Meyer aber aus der Reaktion von Frau Müller entnehmen muss, dass sie unter Stress steht und für Smalltalk gerade nicht aufgeschlossen ist, wäre es erstaunlich, wenn er einfach weiter über »Nichtigkeiten« plaudert, anstatt sein Anliegen vorzubringen.

Erläuterungen zu d):
Wenn es nur um eine Anwesenheit ginge, müsste Herr Meyer nicht so viele Worte machen. Im Gegenteil, er hätte schnell einen Gesprächstermin vereinbaren können und damit Frau Müller einen Gefallen getan, weil sie in diesem Moment eigentlich keine Zeit für ihn hat.

■ Lösungsstrategie

Frau Müller ist es gewohnt, dass man im geschäftlichen Bereich kurz, knapp und sachbezogen kommuniziert. In Deutschland spricht man mit einem Geschäftspartner über Geschäftliches und private Angelegenheiten werden als nicht vordergründig empfunden. Lange und ausschweifende Gespräche über Belanglosigkeiten gehören hier nicht hin. Sie signalisiert Herrn Meyer sehr deutlich, dass sie beruflich stark beansprucht ist und wenig Zeit für lange Telefonate hat. Da Herr Meyer aber diesen Hinweis zu ignorieren scheint, sollte Frau Müller ihn auf keinen Fall kurz und knapp abfertigen oder ihm sogar direkt sagen, dass sie jetzt nicht über derartige Belanglosigkeiten sprechen möchte. Sie sollte vielmehr freundlich sein, auf den Smalltalk eingehen und genauso höflich zurückfragen, auch wenn es sie nicht wirklich interessiert. Sie sollte offen, ehrlich und authentisch auf die Fragen von Herrn Meyer antworten und jede Regung von Misstrauen ablegen. Man zeigt dadurch Interesse, Freundlichkeit und Respekt gegenüber anderen Personen. Ein Schweizer wird nie sofort auf den Punk kommen, wenn er eine Bitte hat, sondern sich erst nach dem Wohlergehen des Gegenübers erkundigen, um nicht unhöflich zu wirken. Er braucht eine kleine Aufwärmrunde vor dem Geschäftlichen. Schweizer werden nie direkt nach Persönlichem fragen. Auch wollen sie auf diese Fragen keine ausführlichen Antworten. Im Gegensatz dazu äußert ein Deutscher ohne Umschweife und Umwege direkt, was er will, und ist überrascht, wenn ein Schweizer zuerst zeitraubende Fragen stellt, bevor er zu seinem Anliegen kommt. Für Herrn Meyer ist es jedoch eine Selbstverständlichkeit zu fragen, wie es Frau Müller geht. Für ihn gehört es zum Miteinander, zu einem angenehmeren zwischenmenschlichen Klima.

Der Schweizer legt generell eine gewisse Gemütlichkeit und Gelassenheit an den Tag. Ihm ist es wichtig, eine persönliche Brücke zum anderen zu bauen. Durch die Größe der Schweiz ist es meist so, dass man sich kennt und lange nicht so anonym lebt wie in einer deutschen Großstadt. Dadurch entsteht automatisch mehr Kontakt und auch Interesse für den Mitmenschen. Normal ist definitiv, dass er sich nach dem Wohlergehen von Frau Müller erkundigt.

■ Beispiel 11: Die Mittagspause

■ Situation

Herr Koch arbeitet als Leiter des Controllings in einem Schweizer Unternehmen für Maschinensysteme. Seine Aufgabe besteht darin, einmal im Quartal die aktuellen Zahlen aller abgelaufenen wirtschaftlichen Vorgänge zusammenzufassen und per E-Mail an alle Abteilungsleiter zu senden. Herr Koch braucht hierfür zwei Wochen im Voraus per E-Mail die notwendigen Informationen von seinen Kollegen. Um diese Zahlen rechtzeitig zu erhalten, sendet er eine sehr freundlich formulierte E-Mail mit den Worten: »Liebe Kollegen, sendet mir bitte die Zahlen der abgelaufenen Vorgänge in eurer Abteilung für die quartalsmäßige Zusammenfassung. Vielen Dank!!!« an seine Schweizer Kollegen. Herr Brunner, der für den Einkauf zuständig ist und mit dem Herr Koch täglich seine Mittagspause verbringt, erhält diese E-Mail ebenfalls. Am nächsten Tag in der Mittagspause geht Herr Brunner an Herrn Koch vorbei und setzt sich wider seine Gewohnheiten mit verärgertem Blick an einen anderen Tisch.

Wie kann man das Verhalten von Herrn Brunner erklären?

– Lesen Sie nun die Antwortalternativen nacheinander durch.
– Bestimmen Sie den Erklärungswert jeder Antwortalternative für die gegebene Situation und kreuzen Sie ihn auf der darunter befindlichen Skala an. Es ist möglich, dass mehrere Antwortalternativen den gleichen Erklärungswert besitzen.

■ Deutungen

a) Herr Brunner ist sauer, weil ihm Herr Koch jedes Quartal wieder eine Erinnerungsmail zu diesem Thema sendet und ihm nicht zutraut, dass er selbst daran denkt, die aktuellen Zahlen zu schicken.

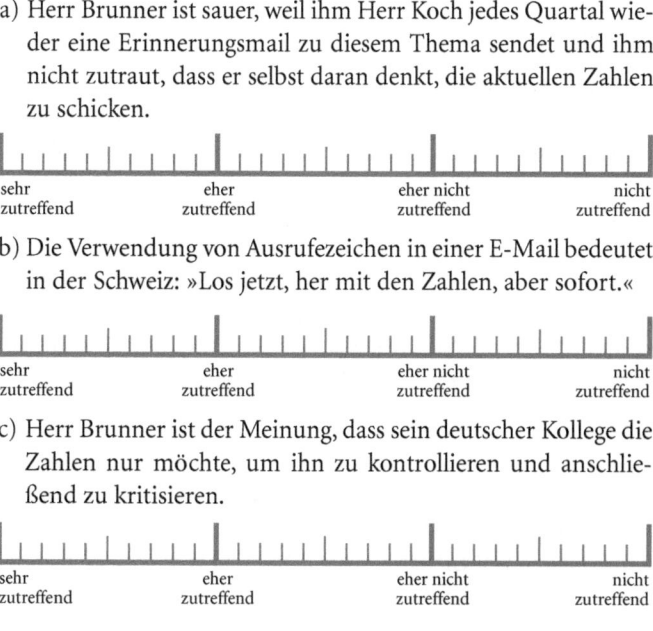

b) Die Verwendung von Ausrufezeichen in einer E-Mail bedeutet in der Schweiz: »Los jetzt, her mit den Zahlen, aber sofort.«

c) Herr Brunner ist der Meinung, dass sein deutscher Kollege die Zahlen nur möchte, um ihn zu kontrollieren und anschließend zu kritisieren.

d) Herr Brunner ist verärgert über Herrn Koch, da dieser ihm persönlich in der Mittagspause hätte sagen können, dass er Informationen von ihm benötigt.

| sehr zutreffend | eher zutreffend | eher nicht zutreffend | nicht zutreffend |

- Versuchen Sie, Ihre Einstufung jeder Antwortalternative zu begründen. Halten Sie die Begründung stichpunktartig fest.
- Lesen Sie nun die Erläuterungen zu jeder Antwortalternative und vergleichen Sie diese mit Ihren eigenen Begründungen.

■ Bedeutungen

Erläuterungen zu a):
Es könnte wirklich sein, dass Herr Brunner genervt ist, da ihm Herr Koch jedes Quartal die gleiche E-Mail schickt und ihn immer um die Zusendung der Zahlen bittet. Aber dass er sich aus diesem Grund in der Mittagspause gleich an einen anderen Tisch setzt und derart verärgert über Herrn Koch ist, ist eher nicht zu vermuten.

Erläuterungen zu b):
Auch hier erwartet der Schweizer, besonders weil es darum geht, dass Herr Koch etwas braucht, respektvoll behandelt zu werden, und achtet sehr präzise auf die Form der E-Mail. So interpretiert er die Ausrufezeichen nach dem »Vielen Dank!!!«, die in der Schweiz nur sehr zurückhaltend verwendet werden, als Anschreien oder Befehlston, den er nicht gewohnt ist bzw. den er nicht verdient hat. Aus diesem Grund will Herr Brunner auf keinen Fall zusammen mit Herrn Koch Mittag essen, da er der Meinung ist, diesen Umgangston nicht verdient zu haben.

Erläuterungen zu c):
Es ist davon auszugehen, dass Herr Koch und Herr Brunner eine gute Beziehung haben, da sie täglich zusammen die Mittagspause verbringen. Würde Herr Koch seinen Schweizer Kollegen nur kontrollieren wollen, hätte er die E-Mail nicht auch seinen anderen Kollegen zugesandt. Herr Koch benötigt die Zahlen, um wei-

terarbeiten zu können und nicht um seinen Kollegen zu kontrollieren bzw. zu kritisieren. Der eigentliche Grund für Herrn Brunners Verhalten ist ein anderer.

Erläuterungen zu d):
Tatsächlich hätte Herr Koch Herrn Brunner in der nächsten Mittagspause darauf aufmerksam machen können, dass er die Zahlen von ihm braucht. Allerdings ist die Kommunikation per E-Mail in der Schweiz ebenso alltäglich wie in Deutschland und die Aufgaben, die per E-Mail gestellt werden, gelten ebenso wie mündlich übertragene Arbeiten. Für diese Situation gibt es eine treffendere Antwort.

■ Lösungsstrategie

Die Korrespondenz via E-Mail ist in der Schweiz ebenso wie der traditionelle Briefverkehr durch anerkannte Formalia geprägt. Allerdings kann dieser Stil von Unternehmen zu Unternehmen sehr unterschiedlich sein. Die Verwendung besonderer Zeichen bzw. Zeichenfolgen wie »!!!«, Smileys etc. ist nicht spezifisch für E-Mails in der Schweiz und kommt im Briefverkehr so auch nicht vor. Wer diese Zeichen und Zeichenfolgen verwendet, tut dies, um neben der Übermittlung inhaltlicher Informationen zusätzlich ein bestimmtes Gefühl auszudrücken. Das ist jedoch über kulturelle und Sprachgrenzen hinweg riskant, da es leicht missverstanden werden kann. Dem Schweizer ist dies eher bewusst als dem Deutschen, da der Schweizer bereits innerhalb seines Landes die Herausforderungen der Kommunikation über Kultur- und Sprachgrenzen hinweg kennt. Er wird deshalb in der E-Mail-Kommunikation weitgehend auf die missverständliche Verwendung von Zeichen und Zeichenfolgen verzichten. Für einen Deutschen ist es daher am besten, Ausrufezeichen wegzulassen, weil diese sehr aufdringlich und befehlend wirken, was wiederum als typisch deutsch gilt. Ausrufezeichen sollten nur verwendet werden, wenn man einander sehr gut kennt. Eine deutsche Führungskraft sollte unbedingt in der Kommunikation mit Schweizern die traditionellen Höflichkeitsformen des Schriftverkehrs beachten, ob im Brief oder per E-Mail, aber trotzdem moderne Formulierungen verwenden. Für diese einfachen und kleinen Dinge haben Deutsche oft kein Verständnis und vergessen die Regeln, die für einen Schweizer äußerst wichtig sind und, wenn sie nicht beherzigt werden, sehr respektlos und unhöflich auf ihn wirken.

■ Kulturelle Verankerung von »Etikette«

Der Kulturstandard beschreibt die Höflichkeit gegenüber den Mitmenschen und den Umgang untereinander. Die Schweizer sind ein durch und durch höfliches Volk. Das Verhalten in Standardsituationen wie Begrüßung, Verabschiedung, Verabredung, Bestellen im Restaurant, Erbeten einer Auskunft von einer unbekannten Person etc. ist geprägt durch eine Reihe von Kommunikationsritualen, die es unbedingt einzuhalten gilt. Hinzugezogene Ausländer, insbesondere Deutsche, müssen sich diese erst abschauen und langsam erlernen, sich immer wieder daran erinnern, trainieren und möglichst niemals in der entscheidenden Situation vergessen. Im Arbeitsbereich bedeutet der Kulturstandard Etikette, dass man unter Kollegen keine Befehle gibt, sondern freundlich und neutral ausdrückt, welche Aufgaben anstehen. Auch Fehler dürfen nicht direkt angesprochen werden. Man kann dezent darauf hinweisen, dass ein Fehler passiert ist, aber niemanden direkt dafür verantwortlich machen, das gebietet die Höflichkeit. Rügen und direkte Ansprachen sind nicht Schweizer Art. Da in der Schweiz eine sprachliche und kulturelle Vielfalt herrscht, ist die Höflichkeit aus Rücksichtnahme gegenüber anderen Personen notwendig. Einen Grund, warum die Höflichkeit in der Schweiz so stark ausgeprägt ist, spielen Werte, die von Kind an internalisiert werden. Dazu gehört zum Beispiel, dem Fremden mit Respekt und Wertschätzung zu begegnen und den Nächsten zu achten. Diese Werte haben der Schweiz auch den Ruf eines sehr gastfreundlichen Landes eingebracht. Umso ländlicher der Ort, desto ausdrücklicher wird beispielsweise gegrüßt. Davon ausgenommen sind Orte, in denen dies aufgrund einer hohen Bevölkerungsdichte nicht mehr möglich ist. Fragt man in der Schweiz, auch in der Großstadt, beispielsweise einen Polizisten nach dem Weg zum Bahnhof, ist das ein Ritual mit Begrüßung, gefolgt von einer höflichen Anfrage und den Wünschen für einen schönen Tag. In Deutschland würde es schlicht und direkt: »Guten Tag! Wo geht es denn hier zum Bahnhof?« heißen. Dieses Verhalten ist mit ein Grund, dass die Deutschen von den Schweizern als zackig, unhöflich, laut und arrogant empfunden werden.

Ein zentrales Element des Schweizer Selbstverständnisses ist, wie auch beim vorangegangenen Kulturstandard, die direkte Demokratie. Bei politischen Entscheidungsverfahren wird die Schweizer Bevölkerung beteiligt. Die Meinung eines jeden Einzelnen zählt bei den zahlreichen Volksabstimmungen, wodurch die Grundhaltung der Schweizer Staatsbürger geprägt ist. Aus Höflichkeit wird jeder Bürger der Gesellschaft berücksichtigt und respektiert.

Die Schweiz ist ein kleiner, neutraler Staat, der immer wieder auch in Friedensprozessen eine wichtige Rolle spielte. In Genf sind zahlreiche Institutionen der UNO, das Rote Kreuz und zahlreiche andere internationale Einrichtungen angesiedelt. Hohe Geld- und Sachspenden kommen aus der Schweiz und viele Hilfsorganisationen operieren von der Schweiz aus. Nächstenliebe und gegenseitige Wertschätzung sind überaus wichtig und aus diesem Grund behandelt man jeden Einzelnen mit Respekt und wahrt die Etikette.

Entscheidend ist in diesem Zusammenhang allerdings die Größe der Schweiz, in der jeder jeden kennt, und das Wissen, dass man aufeinander angewiesen ist. Früher hat eine Dorfgemeinschaft nur funktioniert, wenn man sich untereinander verstanden hat. Diese Mentalität hat in der Schweiz bis heute überlebt.

■ Themenbereich 5: Zurückhaltung

■ Beispiel 12: Die Einladung

■ Situation

Frau Bauer hat heute ihren ersten Arbeitstag in einer Schweizer Bank im Bereich Unternehmensentwicklung. Im Büro, in dem Frau Bauer zukünftig arbeiten wird, sitzen insgesamt fünf Schweizer Kollegen. Da Frau Bauer ein sehr offener Mensch ist, geht sie direkt auf jeden Einzelnen zu, begrüßt alle per Handschlag, stellt sich namentlich vor und erzählt kurz von sich. Neben Informationen wie aus welcher Stadt sie in Deutschland kommt, was sie zuvor beruflich gemacht hat, erwähnt sie, wie froh sie ist, nun hier arbeiten zu dürfen, vor allem wegen der viel besseren Bezahlung als in Deutschland. Da Frau Bauer allein in die Schweiz gezogen ist, ist es ihr sehr wichtig, dass sie schnell Kontakte im fremden Land knüpft. Sie war es gewohnt, sich mit ihren Kollegen von der letzten Arbeitsstelle häufig noch abends auf ein Glas Wein zu treffen, und möchte dies gern in der Schweiz weiterführen. Nach der ersten Arbeitswoche nimmt sie allen Mut zusammen und fragt zwei ihrer Kolleginnen, die ihr sehr sympathisch sind, was sie abends normalerweise so unternehmen. Frau Bauer hofft darauf, von den beiden abends einmal mitgenommen zu werden. Doch keine der beiden Kolleginnen geht auf ihren Wunsch ein.

Wie lässt sich das Verhalten der beiden Schweizer Kolleginnen erklären?

- Lesen Sie nun die Antwortalternativen nacheinander durch.
- Bestimmen Sie den Erklärungswert jeder Antwortalternative

für die gegebene Situation und kreuzen Sie ihn auf der darunter befindlichen Skala an. Es ist möglich, dass mehrere Antwortalternativen den gleichen Erklärungswert besitzen.

■ Deutungen

a) Schweizer sind eher verschlossen und Eigenbrötler, wie das für viele Bewohner von Bergregionen zutrifft. Deshalb hat Frau Bauer mit ihren Kontaktversuchen keine Chance.

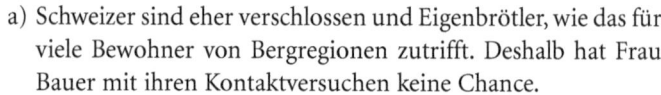

| sehr zutreffend | eher zutreffend | eher nicht zutreffend | nicht zutreffend |

b) Die Schweizer Kollegen sind nicht so spontan und auch nicht offen für neue Begegnungen und den damit verbundenen neuen Freundschaften. Daher reagieren sie nicht auf den Wunsch von Frau Bauer.

| sehr zutreffend | eher zutreffend | eher nicht zutreffend | nicht zutreffend |

c) Schweizer unterscheiden noch stärker als Deutsche zwischen dem beruflichen Arbeitsbereich und dem privaten Lebens- und Freizeitbereich. Deshalb laden die Schweizer Kolleginnen Frau Bauer auch nicht ein.

| sehr zutreffend | eher zutreffend | eher nicht zutreffend | nicht zutreffend |

d) Schon nach der ersten Arbeitswoche so direkt nach privaten Kontakten und Anschlussmöglichkeiten zu fragen, gilt in der Schweiz als extrem unhöflich. Man muss sich erst über eine längere Zeit hinweg kennengelernt haben, bevor solche von Frau Bauer erwünschten gemeinsamen Unternehmungen stattfinden können.

| sehr zutreffend | eher zutreffend | eher nicht zutreffend | nicht zutreffend |

- Versuchen Sie, Ihre Einstufung jeder Antwortalternative zu begründen. Halten Sie die Begründung stichpunktartig fest.
- Lesen Sie nun die Erläuterungen zu jeder Antwortalternative und vergleichen Sie diese mit Ihren eigenen Begründungen.

Bedeutungen

Erläuterungen zu a):
Geographische Gegebenheiten haben in früheren Zeiten in vielen Ländern Europas und so auch in der Schweiz die Begegnung von Menschen aus unterschiedlichen Regionen und den Austausch von Informationen und Meinungen be- oder sogar verhindert. Dialekte, Sitten und Gebräuche waren nur auf eng begrenzte Räume konzentriert, nähere Kontakte zum weiteren Umfeld gab es kaum. Der Erfahrungshorizont der Bewohner solcher Gebiete war im Vergleich zu Menschen, die in gut zugänglichen Gebieten lebten, zum Beispiel Flachlandbewohner, deutlich begrenzt und daraus folgte eine gewisse Zurückhaltung gegenüber allem Unbekannten und Fremden. Das alles trifft aber für die gegenwärtige Zeit nur noch sehr bedingt zu, da sich die Lebenswelten durch vielfältige Kommunikations- und Transportmöglichkeiten deutlich verändert haben. Deshalb ist diese Deutung eher unwahrscheinlich.

Erläuterungen zu b):
Die beiden Kollegen sind sehr überrascht über die direkte Art und Weise von Frau Bauer. Schweizer sind es gewohnt, sich in Vereinen zu engagieren oder Abende mit der Familie zu verbringen. Sie wollen auf keinen Fall unhöflich sein und ablehnen, aber eine gemeinsame Freizeitgestaltung auch nicht unbedingt herausfordern. Also lassen sie die Sache ruhen und warten, bis Frau Bauer nochmals auf sie zukommt. Mit dieser Antwort haben Sie den Kern der Sache getroffen.

Erläuterungen zu c):
Es trifft zu, dass Schweizer deutlich zwischen beruflichen und persönlichen Lebensbereichen unterscheiden, insbesondere im Vergleich zu Kulturen, in denen beide Tätigkeitsfelder bruchlos

ineinander übergehen. Da es in der Schweiz aber zum guten Ton (Höflichkeit) gehört, auch im beruflichen Bereich nicht ausschließlich auf der sachlichen Ebene miteinander zu kommunizieren, sondern auch persönliche Gespräche zu führen, um sich näher kennenzulernen und eine gute Begegnungsatmosphäre zu schaffen, trifft diese Deutung nicht den Kern der Intention.

Erläuterungen zu d):
Diese Deutung ist nicht ganz von der Hand zu weisen, denn das Verhalten von Frau Bauer kann auf die Kolleginnen aufdringlich gewirkt haben. Immerhin ist sie neu im Unternehmen und man lernt sich langsam kennen und erfährt dadurch, was man voneinander zu halten hat. Auch der erforderliche Aufbau von gegenseitigem Vertrauen braucht seine Zeit. Ob die Zurückhaltung der Schweizer Kolleginnen daraus resultiert, dass für Schweizer das Verhalten von Frau Bauer als unhöflich gilt, ist zweifelhaft. Eine andere Deutung wird wohl zutreffender sein.

■ Lösungsstrategie

Aus Sicht von Frau Bauer ist ihr Wunsch nach schnellen und guten außerberuflichen Kontakten zu ihren Kolleginnen nur allzu verständlich und für jeden nachvollziehbar. Aufgrund ihrer bisherigen Erfahrungen hat sie wohl auch den Eindruck, dass sie den ersten Schritt tun muss. Sie ist sich ihrer Sache zwar nicht ganz sicher, denn immerhin muss sie zu dieser Aussprache all ihren Mut zusammennehmen. Nun erfährt sie, dass die Schweizer Kolleginnen ihr Angebot nicht so aufgenommen haben, wie sie das erwartet hat. In diesem Fall ist es sinnvoll, sich zurückzuhalten. Jeder Einstieg braucht seine Zeit. Frau Bauer sollte erst einmal Verabredungen für die Mittagspause treffen, dann vielleicht mit einem Apéro (Getränk nach Feierabend) ihren Einstand im Büro feiern und danach einmal eventuell etwas trinken gehen – aber nicht in der ersten oder zweiten Arbeitswoche. Zuerst sollte sie beobachten und sich erkundigen, wie die Arbeitskollegen ticken. Wenn alle um 17.00 Uhr nach Hause zur Familie gehen, sollte man eher keinen Apéro anbieten. Falls die Kollegen aber an einem bestimmten Tag der Woche nach der Arbeit etwas trinken gehen, dann sollte sie auf jeden Fall teilnehmen.

Bestenfalls könnte sich Frau Bauer über das Vereinswesen an ihrem Wohnort informieren und unabhängig vom Beruf in einem Verein aktiv werden, um auf diesem Weg neue Kontakte zu knüpfen. Denn Schweizer unternehmen nach Feierabend etwas mit ihren Freunden, selten mit Arbeitskollegen, es sei denn, man versteht sich mit jemandem sehr gut. Dann geht das Einladen aber nicht sehr schnell, da die Schweizer eher zurückhaltend sind. Sie brauchen eine gewisse Zeit, um sich zu öffnen. Speziell Deutschen gegenüber sind sie doch relativ mit Vorurteilen behaftet und treffen sich nicht sehr gern mit ihnen, denn das würde bedeuten, dass sie hochdeutsch reden müssen, was einen Schweizer häufig hemmt. Daher treffen sie sich in der Regel lieber mit anderen Schweizern und unterhalten sich auf Schwyzerdütsch.

Wichtig ist, dass Frau Bauer den Kontakt langsam herstellt, nichts überstürzt und dann beobachtet, ob die Schweizer Kollegen überhaupt Interesse zeigen.

■ Beispiel 13: Der neue Mercedes

■ Situation

Herr Frisch arbeitet seit drei Monaten in der Strategieabteilung einer großen Schweizer Bank. Jeden Morgen, wenn er auf den Firmenparkplatz fährt, fallen ihm die großen, teuren Autos seiner Schweizer Kollegen auf. Da er schon seit längerem mit seinem Auto unzufrieden ist und seit circa einem halben Jahr mit dem Gedanken spielt, einen schönen, großen Mercedes zu kaufen, recherchiert er im Internet. Nach kurzer Zeit fällt ihm auf einer deutschen Homepage ein preisgünstiger, neuer Mercedes auf, den er sich nach einigen Überlegungen bestellt. Seinen Kollegen erzählt er vorerst nichts von dem neuen Auto. Nach ungefähr zwei Monaten erhält er seinen neuen Mercedes und präsentiert ihn voller Stolz und Freude seinen Schweizer Kollegen auf dem Firmenparkplatz mit den Worten: »Den habe ich sehr günstig in Deutschland erworben. Ein toller Mercedes, oder?« Alle Kollegen

reagieren mit einem verstimmten Gesichtsausdruck und keiner stimmt Herrn Frisch zu, dass es ein tolles Auto ist.
Wie lässt sich das Verhalten der Schweizer Kollegen erklären?
- Lesen Sie nun die Antwortalternativen nacheinander durch.
- Bestimmen Sie den Erklärungswert jeder Antwortalternative für die gegebene Situation und kreuzen Sie ihn auf der darunter befindlichen Skala an. Es ist möglich, dass mehrere Antwortalternativen den gleichen Erklärungswert besitzen.

■ Deutungen

a) Mercedes-Fahrer haben in der Schweiz das Image, besonders »protzig« zu sein. Dieses Auto günstig in Deutschland zu erwerben und damit zu prahlen, ist für Schweizer nicht nachvollziehbar.

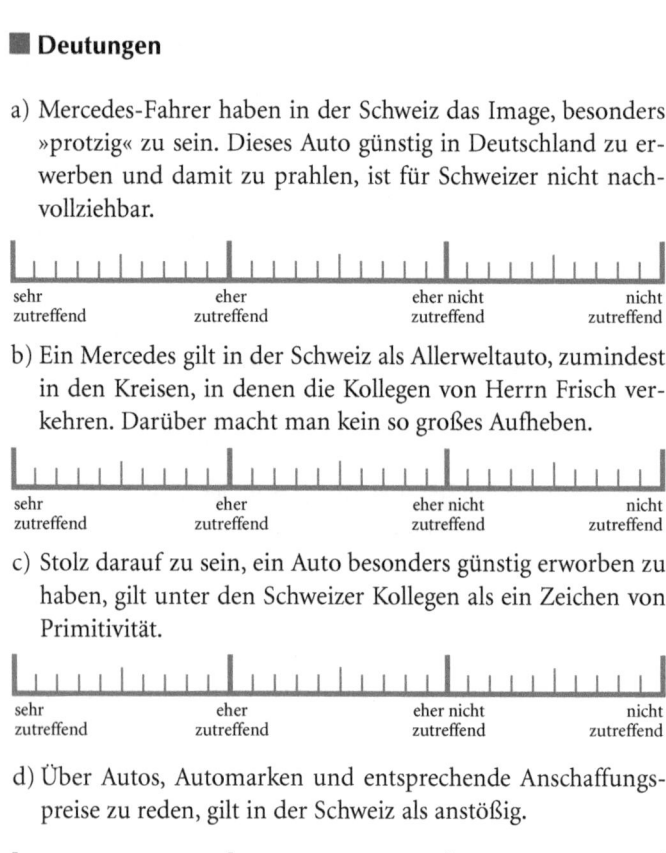

| sehr zutreffend | eher zutreffend | eher nicht zutreffend | nicht zutreffend |

b) Ein Mercedes gilt in der Schweiz als Allerweltauto, zumindest in den Kreisen, in denen die Kollegen von Herrn Frisch verkehren. Darüber macht man kein so großes Aufheben.

| sehr zutreffend | eher zutreffend | eher nicht zutreffend | nicht zutreffend |

c) Stolz darauf zu sein, ein Auto besonders günstig erworben zu haben, gilt unter den Schweizer Kollegen als ein Zeichen von Primitivität.

| sehr zutreffend | eher zutreffend | eher nicht zutreffend | nicht zutreffend |

d) Über Autos, Automarken und entsprechende Anschaffungspreise zu reden, gilt in der Schweiz als anstößig.

| sehr zutreffend | eher zutreffend | eher nicht zutreffend | nicht zutreffend |

- Versuchen Sie, Ihre Einstufung jeder Antwortalternative zu begründen. Halten Sie die Begründung stichpunktartig fest.
- Lesen Sie nun die Erläuterungen zu jeder Antwortalternative und vergleichen Sie diese mit Ihren eigenen Begründungen.

■ Bedeutungen

Erläuterungen zu a):
Es reicht, den Wagen zu fahren, und nicht damit anzugeben. Wenn es schon unbedingt ein Mercedes sein muss, kann man diesen schon kaufen, aber man muss ihn niemandem zeigen. Vor allem sollte Herr Frisch nicht in den Vordergrund stellen, dass der Wagen aus Deutschland kommt und sehr günstig war. Von einem Deutschen, der in der Schweiz lebt, wird erwartet, dass er sich mehr integriert und sein Geld, das er in der Schweiz verdient, auch in der Schweiz ausgibt. »Schnäppchen jagen« gilt als typisch deutsche Eigenschaft und trifft bei den Schweizern auf Unverständnis. Außerdem spricht man in der Schweiz grundsätzlich nicht über Geld. Mit dieser Antwort haben Sie den Kern der Situation getroffen.

Erläuterungen zu b):
In vielen Lebensbereichen, insbesondere den berufsbedingten, sind bestimmte Automarken Statussymbole. Wer das falsche Auto fährt, dem haftet schnell der Makel an, dass er sich entweder das adäquate Auto nicht leisten kann oder zu geizig ist. Es könnte schon sein, dass die Kollegen von Herrn Frisch den Kauf eines Mercedes nicht als besonders erwähnenswert empfinden, dennoch befriedigt diese Deutung nicht so recht.

Erläuterungen zu c):
Wenn es generell als primitiv gelten soll, auf ein günstig erworbenes Auto stolz zu sein, müsste man die meisten Deutschen als primitiv bezeichnen. So recht passt die Deutung nicht, obwohl es nicht ausgeschlossen werden kann, dass in einer bestimmten Kollegenschaft solche Ansichten vertreten werden, was aber aufgrund der Situationsschilderung eher unwahrscheinlich ist.

Erläuterungen zu d):
Unter männlichen Kollegen, der voll im Berufsleben stehenden Generation, wird oft und viel über Autos und deren Bedeutung gesprochen. Immerhin ist das Thema Dienstwagen einer bestimmten Automarke das vorherrschende Tagesthema in vielen Betrieben. Diese Deutung trifft wohl nicht den Kern der Reaktion auf Herrn Frischs Verhalten.

■ Lösungsstrategie

Die Überraschung von Herrn Frisch über die Reaktionen seiner Schweizer Kollegen ist gut nachvollziehbar. Er ist erst seit drei Monaten in der Firma und bemüht sich vielleicht gerade deshalb um gute Kontakte zu seinen Kollegen. Mit ihnen über den geglückten Autokauf zu reden, bietet sich an, da sicher alle über entsprechende Erfahrungen berichten können. Aber die Schweizer Kollegen reagieren so, als habe er damit ein Tabuthema angesprochen. Das hat Herr Frisch auch durchaus. Erstens gibt man nicht damit an, ein gutes Geschäft gemacht zu haben. Typisch schweizerisch wäre in diesem Fall eher: »Das Auto war doch sehr teuer, jetzt müssen wir in nächster Zeit den Gürtel schon etwas enger schnallen!« Besser ist, überhaupt nicht über Geld zu sprechen. Man gibt das Geld aus und genießt es. Zweitens ist es wichtig, dass man im eigenen Land einkauft. Es geht überhaupt nicht, als Deutscher in der Schweiz gutes Geld zu verdienen und es im Ausland, bei diesem Beispiel in Deutschland, als Schnäppchenjäger auszugeben und darauf noch stolz zu sein. In der Schweiz wird Bescheidenheit, Diskretion und Zurückhaltung gefordert.

Schweizer sind außerdem bereit, für Qualität zu bezahlen. Die eher deutsche »Geiz-ist-geil-Mentalität« oder Schnäppchenjagd ist nicht angesagt und gilt in der Schweiz als verpönt. Fährt ein Deutscher beispielsweise in sein Heimatland und kauft dort ein, nur weil es weniger kostet, wird das in der Schweiz überhaupt nicht gern gesehen und sogar verachtet. Wenn ein Deutscher in der Schweiz arbeitet, ist es äußerst wichtig, dieses Geld auch dort zu lassen und in den Schweizer Läden auszugeben.

Wichtig ist, dass niemals Vergleiche zwischen den deutschen und den Schweizer Preisen angestellt werden und sich über die höheren Preise in der Schweiz beklagt wird. Grundsätzlich gilt, dass man alles, was irgendwie mit Geld zu tun hat, sehr vorsichtig oder bestenfalls überhaupt nicht kommunizieren sollte. Denn Geld hat man einfach.

■ Beispiel 14: Die Gebührenabrechnung

■ Situation

Einmal im Monat trifft sich der Führungskreis eines großen Schweizer Maschinenherstellers. In der heutigen Besprechung sitzt Herr Schneider, seit einem Jahr Geschäftsführer in der Firma, mit neun Schweizer Kollegen zusammen, um das Thema Dienst-Natel (Mobiltelefon) zu besprechen. Ziel dieser Besprechung ist der Beschluss, welche Mitarbeiter ein Dienst-Natel bekommen. Herr Schneider befürchtet, dass die meisten Mitarbeiter des Unternehmens ein Dienst-Natel haben wollen, und äußert sofort seine Bedenken, was die immense Höhe der Kosten angeht. Um die Kosten zu senken, macht Herr Schneider Vorschläge zum Thema Gebührenabrechnung. Seiner Meinung nach sollen nur Firmengespräche über das Geschäftskonto laufen und die privaten Gespräche von jedem selbst getragen werden. Die dazu erforderliche Kontrolle und Gebührenabrechnung lässt sich leicht durch die monatliche Abrechnung bewerkstelligen. Sein Schweizer Kollege Herr Uhlig antwortet ihm, dass das typisch deutsches Denken sei. Herr Schneider versteht die Äußerung seines Kollegen nicht.

Wie lässt sich die Reaktion des Schweizer Kollegen erklären?

- Lesen Sie nun die Antwortalternativen nacheinander durch.
- Bestimmen Sie den Erklärungswert jeder Antwortalternative für die gegebene Situation und kreuzen Sie ihn auf der darunter befindlichen Skala an. Es ist möglich, dass mehrere Antwortalternativen den gleichen Erklärungswert besitzen.

Deutungen

a) Herr Uhlig war es immer schon gewohnt, über das Firmentelefon auch Privatgespräche zu führen. Nun hat er Sorge, dass ihm das nicht mehr möglich ist, wenn der Vorschlag von Herrn Schneider realisiert wird. Mit seiner Bemerkung will er verhindern, dass in dieser Richtung weiterdiskutiert wird.

| sehr zutreffend | eher zutreffend | eher nicht zutreffend | nicht zutreffend |

b) Herr Uhlig sieht, dass Herrn Schneiders Vorschlag sehr effizient ist, befürchtet aber, dass die Mitarbeiter im Unternehmen dagegen rebellieren werden, und will ihn deshalb schnell vom Tisch haben.

| sehr zutreffend | eher zutreffend | eher nicht zutreffend | nicht zutreffend |

c) Das Dienst-Natel darf schon immer auch privat genutzt werden, da den Mitarbeitern vertraut wird, dass sie das Geschäftshandy nicht missbrauchen und somit hohe Kosten durch Privatgespräche verursachen.

| sehr zutreffend | eher zutreffend | eher nicht zutreffend | nicht zutreffend |

d) Herr Uhlig hatte sich Hoffnungen auf den Geschäftsführerposten gemacht, den nun Herr Schneider innehat. Mit der abfälligen Bemerkung über sein typisch deutsches Denken will er ihn wieder einmal provozieren.

| sehr zutreffend | eher zutreffend | eher nicht zutreffend | nicht zutreffend |

- Versuchen Sie, Ihre Einstufung jeder Antwortalternative zu begründen. Halten Sie die Begründung stichpunktartig fest.
- Lesen Sie nun die Erläuterungen zu jeder Antwortalternative und vergleichen Sie diese mit Ihren eigenen Begründungen.

■ Bedeutungen

Erläuterungen zu a):
Entscheidungsträger, die über einen Sachverhalt entscheiden müssen, von dem sie selbst betroffen sind, haben das Problem, befangen zu sein. Das kann in dieser Situation tatsächlich eine Rolle spielen, erklärt aber noch nicht die abwertende Bemerkung von Herrn Uhlig bezüglich des typisch deutschen Denkens, das dem Vorschlag von Herrn Schneider zu Grunde liegt.

Erläuterungen zu b):
Grundsätzlich bergen Beschlüsse der Geschäftsleitung, die in den direkten Arbeitsbereich vieler oder sogar aller Mitarbeiter des Unternehmens eingreifen, eine Gefahr. Die Mitarbeiter, wenn sie selbst an dem Entscheidungsprozess nicht beteiligt werden, können gegen den Beschluss offen oder verdeckt rebellieren oder sogar eine Durchsetzung zu verhindern versuchen. Aber genau das hätte von Herrn Uhlig als Bedenken vorgebracht werden können, damit die Konsequenzen der neuen Regelung im Gesamtkontext beachtet werden. Diese Deutung erklärt nicht die abfällige Bemerkung bezüglich des typisch deutschen Denkens von Herrn Schneider.

Erläuterungen zu c):
In der Schweiz darf man gewöhnlich das Geschäftshandy auch privat nutzen. Es wird den Mitarbeitern vertraut, dass diese die großzügige Regelung nicht ausnützen. Schweizer sind in diesem Zusammenhang nicht kleinlich und setzen auf die Eigenverantwortung des Menschen. Ein nachträgliches »Aufschlüsseln« der Rechnung wäre viel zu kompliziert und würde wahrscheinlich mehr kosten als das, was der Angestellte privat telefoniert hat. Der Schweizer hat eine hohe Eigenverantwortung und es wird davon ausgegangen, dass die Angestellten entsprechend Maß halten bezüglich ihrer Privatgespräche. Diese Antwort beschreibt den Kern der Situation am besten.

Erläuterungen zu d):
Wenn persönliche Rivalitäten und ihre Nachwirkungen der Grund für die Bemerkung von Herrn Uhlig wären, dürfte Herr

Schneider sich nicht so über die Äußerung wundern, wie dies in der Situation beschrieben wird, denn dann kennt er ja bereits den Hintergrund der Bemerkung.

■ Lösungsstrategie

Für Herrn Schneider als Geschäftsführer ist klar, dass seine Kollegen von ihm erwarten, dass er sich über die zur Entscheidung anstehenden Sachverhalte Gedanken gemacht hat und einen Vorschlag vorlegen wird, wie nun zu verfahren ist. Das, so meinte er, gehört zur Qualifikation einer guten Führungskraft. Offensichtlich sehen das die Schweizer Kollegen aber anders. Sie fühlen sich von seiner direkten und korrekten »deutschen« Art bedroht und bevormundet. Herr Schneider hätte sich langsam an dieses Thema herantasten müssen, indem er beispielsweise in Einzelgesprächen mit seinen Kollegen darüber spricht.

Durch ihre Demokratie und die liberale Erziehung glauben die Schweizer an die Eigenverantwortung und die Loyalität der Menschen, auch beim Thema Dienst-Natel. Das Geschäftstelefon wird in vielen Schweizer Firmen als Teil der Entlohnung verstanden und daher sind Privatgespräche durchaus erlaubt. Ein Schweizer würde niemals das Privileg, privat telefonieren zu dürfen, ausnutzen. Arbeitgeber treffen daher besser großzügige Regelungen, denn dies zeigt auch die Wertschätzung der Mitarbeiter. Herr Schneider sollte in diesem Zusammenhang wie die Schweizer an die Eigenverantwortung des Menschen glauben und seinen Mitarbeitern einfach vertrauen, dass sie die Regelung nicht ausnutzen. Es ist davon auszugehen, dass das Vertrauen, auch was den Umgang mit dem Dienst-Natel betrifft, belohnt wird.

■ Kulturelle Verankerung von »Zurückhaltung«

Der Kulturstandard »Zurückhaltung« beschreibt die Diskretion und Bescheidenheit der Schweizer sich selbst und anderen Menschen gegenüber. Die Bescheidenheit äußert sich dadurch, dass nicht mit Leistungen geprahlt wird. Begegnet man einem Schweizer, scheinen sie anfangs keineswegs zurückhaltend, da jeder auf der Straße grüßt, sich nach dem Wohlbefinden erkundigt und höflich ist. Schweizer verhalten sich Fremden gegenüber immer freundlich, aber zugleich mit einer gewissen Distanziertheit und Vorsicht, was häufig mit Misstrauen verwechselt wird. Sich mit Schweizern anzufreunden, braucht eine gewisse Zeit. Schweizer sind nicht sehr spontan und offen für neue Begegnungen. Will man nun als Deutscher etwas mit einem Schweizer unternehmen, sollte der Deutsche den ersten Schritt (oder sogar mehrere Schritte) machen. Ein Grund hierfür kann natürlich auch die deutsche Sprache sein, die von Schweizern nicht besonders gern gesprochen wird. Damit ein Schweizer jedoch einem gemeinsamen Treffen zustimmt, muss ein genauer Termin und die Art der Tätigkeit vorgeschlagen werden.

Wichtig für einen Deutschen in der Schweiz ist, dass er versucht sich zurückzunehmen und zu integrieren. Denn während Schweizer sich in jeder Lage zurückhalten, sind Deutsche sehr direkt und bestrebt, Lösungen durch klare Aussagen und Positionen herbeizuführen.

Der Schweizer Kulturstandard Zurückhaltung hat seinen Ursprung in der Neutralitätspolitik. Diese typische Schweizer Haltung könnte auch als »kluges Abseitsstehen« umschrieben werden, das zu einem wesentlichen Bestandteil der Schweizer Mentalität geworden ist (Weibel u. Feller, 1992). Dieses Abseitsstehen sichert der Schweiz seit fast zweihundert Jahren den Frieden. Im 19. Jahrhundert, als die Monarchen die bürgerlichen Demokratiebewegungen unterdrückten, während der zwei Weltkriege und auch zur Zeit des Kalten Krieges erwiesen sich die Schweiz und die auslandspolitische Abstinenz stets als sinnvoll und nützlich. Dass sie den Zweiten Weltkrieg relativ unbeschadet überstanden haben, führen die Schweizer auch heute noch vor allem auf ihre Armee und ihre Neutralitätspolitik zurück. Ein Ausspruch aus der Zeit des Zweiten Weltkriegs lautete: »Wer nicht schweigen kann, schadet der Heimat.« Daher könnte auch heute noch die Meinung gelten, dass man sich lieber zurückhält, als jemandem oder der Heimat zu schaden. Die Neutralität galt auch nach 1945 als identitätsstiftendes Wesensmerkmal Schweizer Eigenart.

Die Schweizer »Zurückhaltung« spüren vor allem die Deutschen. In diesem Zusammenhang haben die zwei Weltkriege eine entscheidende Rolle gespielt. Im Ersten Weltkrieg stand die Verteidigung der Landesgrenzen gegenüber Deutschland im Mittelpunkt und im Zweiten Weltkrieg der starke Behauptungswille gegen den Nationalsozialismus. Aus diesen Gründen wollen sich die Schweizer oft heute noch klar von den Deutschen abgrenzen.

■ Themenbereich 6: Wertschätzung

■ Beispiel 15: Der Betriebsrundgang

■ Situation

Herr Huber, seit einem Jahr Geschäftsführer eines deutschen Maschinenherstellers für Etiketten und Faltschachteln, besucht Herrn Pauli, Geschäftsführer des Schweizer Tochterunternehmens, um mit ihm einen Betriebsrundgang zu machen. Nach einer freundlichen Begrüßung und etwas Smalltalk im Besprechungsraum mit Herrn Pauli und seinem Assistenten beginnen die drei Herren mit ihrem Rundgang in der Produktionsabteilung. Herrn Huber fällt sofort auf, dass alles sehr sauber ist und äußerst vorbildlich, effizient und konzentriert gearbeitet wird. Der Schweizer Geschäftsführer grüßt jeden Mitarbeiter an den Maschinen freundlich und unterhält sich mit einigen von ihnen auch über Privates. Bei den einzelnen Gesprächen mit den Mitarbeitern fällt Herrn Huber auf, dass Herr Pauli von einigen, unabhängig vom Rang, mit seinem Vornamen »Peter« angesprochen wird. Herr Huber ist überrascht, dass Herr Pauli von vielen Mitarbeitern geduzt wird.

Wie erklären Sie sich das Verhalten der Schweizer Kollegen?

- Lesen Sie nun die Antwortalternativen nacheinander durch.
- Bestimmen Sie den Erklärungswert jeder Antwortalternative für die gegebene Situation und kreuzen Sie ihn auf der darunter befindlichen Skala an. Es ist möglich, dass mehrere Antwortalternativen den gleichen Erklärungswert besitzen.

■ Deutungen

a) Die Schweizer Mitarbeiter, die Herrn Pauli duzen, sind schon lange in der Firma und können sich das erlauben.

sehr zutreffend	eher zutreffend	eher nicht zutreffend	nicht zutreffend

b) Herr Pauli hat alte Bekannte und Familienangehörige in seiner Firma untergebracht, die ihn natürlich duzen.

sehr zutreffend	eher zutreffend	eher nicht zutreffend	nicht zutreffend

c) Herr Pauli hat einigen Mitarbeitern bereits das Du angeboten, da es sich aus der Situation heraus bei vergangenen Firmenanlässen angeboten hat.

sehr zutreffend	eher zutreffend	eher nicht zutreffend	nicht zutreffend

d) In der Schweiz ist es üblich, dass man auch außerhalb des Unternehmens gemeinsam seine Freizeit verbringt, zum Beispiel in Betriebssport- oder Hobbygruppen, wo man sich selbstverständlich duzt, und auf diesen Personenkreis bezieht sich nun die vertraute Anrede.

sehr zutreffend	eher zutreffend	eher nicht zutreffend	nicht zutreffend

– Versuchen Sie, Ihre Einstufung jeder Antwortalternative zu begründen. Halten Sie die Begründung stichpunktartig fest.
– Lesen Sie nun die Erläuterungen zu jeder Antwortalternative und vergleichen Sie diese mit Ihren eigenen Begründungen.

■ Bedeutungen

Erläuterungen zu a):
Langjährige Betriebsmitarbeiter kennen in der Regel nicht nur die Kollegen ihrer Abteilung sehr gut, sondern auch die Personen

der oberen Führungsschicht. Über viele gemeinsame Sitzungen oder Projekte ist man sich näher gekommen und duzt sich. Das könnte durchaus ein Grund sein, obwohl eine lange Bekanntschaft und viele gemeinsame Aktivitäten auf betrieblicher Ebene und im gemeinsamen offiziellen Rahmen am Arbeitsplatz nicht unbedingt eine so vertraute Anrede zur Folge haben müssen. Verwunderlich ist in der Situationsschilderung, dass Herr Pauli immer nur einige aus der Mannschaft duzt. Eine andere Deutung ist wohl zutreffender.

Erläuterungen zu b):
Diese Deutung unterstellt, dass im Unternehmen ganz offensichtlich Vetternwirtschaft und Patronage betrieben wird und dass Herr Pauli dies nicht verbirgt, sondern noch vor Herrn Huber offen zur Schau trägt, indem er einige Mitarbeiter duzt, andere aber nicht. Für ein in der Schweiz angesiedeltes Unternehmen mit internationalen Geschäftsverbindungen ist dies sehr unwahrscheinlich. Die auf einige personenbezogene vertraute Anrede muss eine andere Begründung haben.

Erläuterungen zu c):
Das Du anzubieten, ist in der Schweiz ein langwieriger Prozess, welcher offiziell bei Firmenanlässen und Feiern richtig zelebriert wird. Der Schweizer nennt dies »Duzis« machen. Das Anbieten des Du hat etwas Festliches. Kennt man sich schon lange, wird das Du ungeachtet von Rang und Namen angenommen, wenn es angeboten wird. Es wird jedoch noch immer sehr respektvoll miteinander umgegangen. Diese Antwort beschreibt das Verhalten von Herrn Pauli am besten.

Erläuterungen zu d):
Das von Herrn Huber besuchte Schweizer Unternehmen ist ein deutsches Tochterunternehmen. In den fünfziger Jahren des vergangenen Jahrhunderts war es in deutschen Unternehmen durchaus üblich, dass von den Firmen eigene Sportplätze und Freizeitgestaltungsmöglichkeiten geschaffen wurden. Ziel war es, den Mitarbeitern, die sich untereinander kennenlernen, gut miteinander arbeiten und natürlich auch Loyalität zur Firma aufbauen sollten, auch außerhalb der Arbeit etwas zu bieten, das für

sie sonst nicht verfügbar war. Diese Zeiten sind jedoch längst vorbei. Die Unternehmen in Deutschland und in der Schweiz konzentrieren sich schon längst auf das gewinnorientierte Kerngeschäft. Die Mitarbeiter haben inzwischen alle genügend Zugangsmöglichkeiten zu Freizeitaktivitäten, die ihnen zusagen. Diese Deutung ist eher unwahrscheinlich.

■ Lösungsstrategie

Für Herrn Huber ist es selbstverständlich, dass er von seinen Produktionsmitarbeitern in Deutschland gesiezt wird, und ihm ist es unerklärlich, dass Herr Pauli von einigen Mitarbeitern mit Du angesprochen wird. Das würde für ihn nie in Frage kommen. Daher überrascht ihn das Verhalten von Herrn Pauli umso mehr.

»Duzis« machen ist mittlerweile in vielen Schweizer Unternehmen gebräuchlich und wird zunehmend salonfähiger. Im deutschsprachigen Teil der Schweiz wird das Du generell viel häufiger benutzt als in Deutschland. Ein Grund hierfür könnte sein, dass es in der Schweiz an Adeligen fehlt, die traditionell auf Distanz pochten. In Deutschland dagegen ist auch heute noch ein Chirurg oder Professor eine Respektsperson, die es sich oft verbittet, geduzt zu werden. In den meisten Schweizer Universitäten sind sogar Professoren mit ihren nächsten Mitarbeitern per Du. Trotzdem sollte Herr Huber in dieser Situation unbedingt mit allen Mitarbeitern per Sie sein und erst einmal bleiben, da er als externe Person wahrgenommen und behandelt wird, obwohl er ein Konzernmitglied ist.

Es gibt auch in der Schweiz, ebenso wenig wie in Deutschland, keine genaue Regel, wann geduzt wird und wann nicht. Die Handhabung ist je nach Geschäftsbereich und geografischem Raum und kulturellen Gepflogenheiten unterschiedlich. »Duzis« machen, also jemandem das Du anbieten, verläuft in der Schweiz allerdings etwas anders als in Deutschland. Meist bietet hier der Vorgesetzte dem Mitarbeiter und der Ältere dem Jüngeren das Du an, doch selten mit einer Aussage wie »Wir können uns doch eigentlich duzen«. In der Schweiz sagt man ab dem Zeitpunkt Du zueinander, wenn sich jemand mit Vornamen vorstellt. Generell gilt, dass Schweizer nicht so formell und bürokratisch sind wie Deutsche und schneller zum Du kommen. Jedoch gilt es den Respekt, die Distanz und die Höflichkeit zu wahren. »Sie« wird nämlich nicht mit professionell und »Du« nicht mit unprofessionell gleichgesetzt. Sich mit Vornamen anzusprechen, hat auch nichts Kumpelhaftes an sich. Meist werden zum »Duzis« machen soziale Anlässe als Gelegenheit genutzt. Das überformelle Siezen, wie es in manchen deutschen Firmen existiert, gibt es in der Schweiz nicht. In vielen Schweizer Firmen gibt es eine generelle Du-Kultur, das heißt, man duzt sich vom Geschäftsführer bis zur Putzfrau.

■ Beispiel 16: Der Zeitverzug

■ Situation

Ein deutsches Logistikunternehmen hat ein Schweizer Logistikunternehmen erworben. Der viel beschäftigte Supply-Chain-Manager Herr Frank besichtigt das Schweizer Unternehmen. Herr Rütli begrüßt Herrn Frank freundlich und schlägt vor dem Rundgang ein Vorabgespräch vor. Dazu hat er ein Besprechungszimmer reserviert sowie Kaffee und Gipfeli (Croissants) bestellt. Herr Frank, der sehr unter Zeitdruck steht, zieht es jedoch vor, direkt mit dem Rundgang zu beginnen. Die Fabrikation macht einen vorbildlichen Eindruck. Herr Frank ist der Meinung, alles für ihn Relevante gesehen zu haben, und bricht den Rundgang ab, da er sich bereits im Zeitverzug befindet. Zum Abschied schlägt Herr Rütli ein gemeinsames Mittagessen in einer sehr guten Gaststätte im Ort vor. Er betont, dass gerade einem Gast aus Deutschland diese Gaststätte sehr gefallen müsste, da es dort typische Schweizer Gerichte gibt. Herr Frank lehnt mit Hinweis auf seine lange Rückreise den Vorschlag dankend ab. Herr Rütli wirkt wie vor den Kopf gestoßen. Herr Frank wundert sich über diese Reaktion.

Wie lässt sich die Reaktion von Herrn Rütli erklären?

- Lesen Sie nun die Antwortalternativen nacheinander durch.
- Bestimmen Sie den Erklärungswert jeder Antwortalternative

für die gegebene Situation und kreuzen Sie ihn auf der darunter befindlichen Skala an. Es ist möglich, dass mehrere Antwortalternativen den gleichen Erklärungswert besitzen.

■ Deutungen

a) Herr Rütli ist sehr ehrgeizig und will nach oben. Mit der Ausrichtung des Besuchs von Herrn Frank bietet sich ihm eine gute Gelegenheit, Eindruck zu machen.

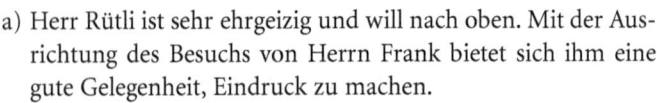

sehr zutreffend　　eher zutreffend　　eher nicht zutreffend　　nicht zutreffend

b) Herrn Rütli ist der persönliche Kontakt zu Herrn Frank sehr wichtig. Dass seine Gastfreundschaft unerwartet abgelehnt wird, kränkt ihn zutiefst.

sehr zutreffend　　eher zutreffend　　eher nicht zutreffend　　nicht zutreffend

c) Herr Frank war gegen die Akquisition des Schweizer Unternehmens. Er tut nur so, als sei für ihn alles in Ordnung. In Wirklichkeit aber will er offensichtlich die Besichtigung so schnell wie möglich hinter sich bringen.

sehr zutreffend　　eher zutreffend　　eher nicht zutreffend　　nicht zutreffend

d) Herr Rütli hat gar nicht gemerkt, wie unzufrieden Herr Frank mit dem ist, was er im Betrieb gesehen hat, und zudem hat Herr Frank das Drumherum und der von Herrn Rütli betriebene Aufwand überhaupt nicht gefallen. Er will einfach so schnell wie möglich zurück.

sehr zutreffend　　eher zutreffend　　eher nicht zutreffend　　nicht zutreffend

– Versuchen Sie, Ihre Einstufung jeder Antwortalternative zu begründen. Halten Sie die Begründung stichpunktartig fest.
– Lesen Sie nun die Erläuterungen zu jeder Antwortalternative und vergleichen Sie diese mit Ihren eigenen Begründungen.

Bedeutungen

Erläuterungen zu a):
Grundsätzlich könnte diese Deutung zutreffen, denn wer beruflich Karriere machen will, wird sich besonders anstrengen, einen guten Eindruck zu hinterlassen, wenn eine Führungskraft aus dem Stammhaus erscheint. Jedoch lässt sich aus der Situationsschilderung kaum ein Hinweis ablesen, dass Herr Rütli nur aus Aufstiegsinteresse heraus handelt. Wäre das der Fall, hätte er sicher dem Wunsch des gestressten Herrn Frank nach einer schnellen Beendigung der Betriebsbesichtigung und der gewünschten unverzüglichen Abreise sofort entsprochen und nicht noch ein Mittagessen vorgeschlagen.

Erläuterungen zu b):
Die Schweizer sind ein sehr soziales Volk. Was zum Beispiel für den Skandinavier die Sauna ist, ist das Znüni (Mittagessen) oder der Apéro für den Schweizer. Im Geschäftlichen ist nicht nur der Business-Faktor die treibende Kraft, denn der Erfolg beruht sehr oft auf den persönlichen Kontakten zu den Geschäftspartnern. Herr Frank bricht in dieser Situation ein zwingendes Ritual, indem er das gemeinsame Mittagessen aus Zeitgründen ausschlägt. Diese Antwortalternative erklärt das Verhalten von Herrn Rütli am besten.

Erläuterungen zu c):
Auf einen augenscheinlichen Widerstand von Herrn Frank gegen die Akquisition des Unternehmens gibt es in der Situationsschilderung keinerlei Hinweise. Ausdrücklich wird betont, dass er unter starkem Zeitdruck steht und den Besuch so schnell wie möglich hinter sich bringen will, da er weitere Termine wahrzunehmen hat und schon im Zeitverzug ist. Zudem ist er mit dem, was er gesehen hat, sehr zufrieden. Die Vermutung, dass dies nur vorgetäuscht ist, kann aus der Situationsschilderung nicht begründet werden.

Erläuterungen zu d):
Sicher wird nicht selten aus Höflichkeit, um den Partner nicht zu verletzen oder um voreilige Schlussfolgerungen zu vermeiden,

nicht immer das gesagt und getan und damit öffentlich kundgemacht, was man tatsächlich über einen Sachverhalt denkt. Das gehört mit zum Geschäftsleben. Aber jeder, der so erfahren ist wie Herr Frank und Herr Rütli, hat auch die Fähigkeit entwickelt, Täuschungsmanöver dieser Art zu erkennen. Aus dem, was dazu in der Situationsschilderung zu finden ist, lässt sich diese Deutung jedenfalls nicht begründen.

■ Lösungsstrategie

Für den Supply-Chain-Manager Herrn Frank hat es gereicht, zu sehen, dass die Fabrikation einen vorbildlichen Eindruck macht. Der persönliche Kontakt zu Herrn Rütli ist für ihn eher nebensächlich und somit merkt er auch nicht, was er mit seiner Absage zum Mittagessen anrichtet. Herr Frank ist ein vielbeschäftigter Mann, der noch eine lange Rückreise vor sich hat und daher sehr froh ist, den Rundgang vorzeitig abbrechen zu können. Doch in der Schweiz ist das Verhalten von Herrn Frank ein schwerer Fehler, denn der Schweizer erwartet von seinem Gast, auch von einem Vorgesetzten, eine wohl fast unterwürfig anmutende Entschuldigung dafür, dass seine Gastfreundschaft abgewiesen wird.

Herr Frank hätte von Anfang an ganz klar und unmissverständlich kommunizieren müssen, was sein genaues Ziel bei der Besichtigung der Fabrikation ist und wie viel Zeit ihm dafür zur Verfügung steht. Ein Schweizer wird immer versuchen, sich präzise an die Vorgaben zu halten, wenn diese von vornherein klar kommuniziert werden. Eine zweite Möglichkeit wäre gewesen, wenn Herr Frank ein Mittagessen zu einem späteren Zeitpunkt bzw. beim nächsten Besuch vorgeschlagen hätte, um dem persönlichen Austausch Platz zu geben und sein Interesse an der Person von Herrn Rütli zu bekräftigen.

Bestenfalls hätte sich Herr Frank die Zeit für das gemeinsame Essen genommen. Damit hätte er in der neuen Geschäftsbeziehung einen positiven Anfang gemacht, gegenüber Herrn Rütli als Person Interesse gezeigt und ihn und seine Einladung wertgeschätzt.

Beispiel 17: Die E-Mail

Situation

Frau Kranz arbeitet seit vier Jahren als Qualitätssicherungsbeauftragte für ein Schweizer Pharmaunternehmen in Deutschland. Häufig benötigt Frau Kranz Informationen von ihren Schweizer Kollegen aus dem Stammhaus. Um die Informationen schnellstmöglich zu bekommen, schreibt Frau Kranz der jeweiligen zuständigen Person regelmäßig eine E-Mail. Kennt Frau Kranz einen Kollegen aus der Schweiz gut und hat ihn bzw. sie schon einmal persönlich getroffen, schreibt sie als Anrede in der E-Mail »Hallo Frau/Herr XY«. Kennt sie einen Kollegen nicht persönlich, schreibt Frau Kranz höflich »Sehr geehrte(r) Frau/Herr XY«. Eine Schweizer Kollegin, Frau Wagner, die sie bereits einmal persönlich in der Schweiz getroffen hat, antwortet darauf in ihren E-Mails immer mit »Liebe Frau Kranz«. Es ist ein ständiger Wechsel von »Hallo Frau Wagner« und »Liebe Frau Kranz«. Beim nächsten persönlichen Zusammentreffen macht Frau Kranz einige lustig gemeinte Bemerkungen zu dieser unterschiedlichen Anrede, bemerkt aber, dass Frau Wagner darüber irritiert ist.
Wie lässt sich das Verhalten von Frau Wagner erklären?

- Lesen Sie nun die Antwortalternativen nacheinander durch.
- Bestimmen Sie den Erklärungswert jeder Antwortalternative für die gegebene Situation und kreuzen Sie ihn auf der darunter befindlichen Skala an. Es ist möglich, dass mehrere Antwortalternativen den gleichen Erklärungswert besitzen.

Deutungen

a) Frau Wagner will mit »Sehr geehrte Frau Wagner« angeschrieben werden, da sie schon länger in der Firma tätig ist als Frau Kranz.

| sehr zutreffend | eher zutreffend | eher nicht zutreffend | nicht zutreffend |

b) Frau Wagner findet diese Situation nicht amüsant, da sie von den zahlreichen E-Mails von Frau Kranz genervt ist.

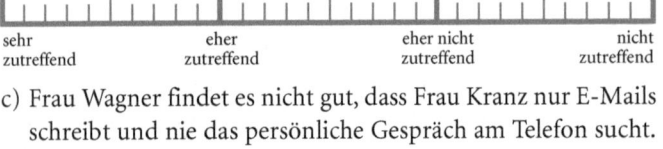

| sehr zutreffend | eher zutreffend | eher nicht zutreffend | nicht zutreffend |

c) Frau Wagner findet es nicht gut, dass Frau Kranz nur E-Mails schreibt und nie das persönliche Gespräch am Telefon sucht.

| sehr zutreffend | eher zutreffend | eher nicht zutreffend | nicht zutreffend |

d) Frau Wagner fühlt sich durch die Anrede in der E-Mail »Hallo Frau Wagner« beleidigt und nicht angemessen angesprochen.

| sehr zutreffend | eher zutreffend | eher nicht zutreffend | nicht zutreffend |

- Versuchen Sie, Ihre Einstufung jeder Antwortalternative zu begründen. Halten Sie die Begründung stichpunktartig fest.
- Lesen Sie nun die Erläuterungen zu jeder Antwortalternative und vergleichen Sie diese mit Ihren eigenen Begründungen.

■ Bedeutungen

Erläuterungen zu a):
In der E-Mail-Korrespondenz benutzt Frau Wagner selbst die Anrede »Liebe Frau Kranz«. Daher kann sie nicht erwarten, dass Frau Kranz sie mit »Sehr geehrte Frau Wagner« anspricht. In der Schweiz ist es nicht üblich, dass im Zusammenhang mit der Betriebszugehörigkeit Unterschiede bei der Anrede gemacht werden. Diese Deutung trifft demnach nicht zu.

Erläuterungen zu b):
Diese Antwort erklärt die Situation nicht. Es wäre zwar durchaus möglich, dass Frau Wagner genervt ist von den zahlreichen E-Mails, darauf weist jedoch nichts in diesem Beispiel hin. Somit ist dies nicht die richtige Erklärung für die Situation.

Erläuterungen zu c):
Diese Erklärung klingt zunächst ganz plausibel. Doch auch in der Schweiz stellt die E-Mail eine der häufigsten Kommunikationsformen dar, denn auch hier findet der Großteil der Kommunikation über große Distanzen statt. Die Schweiz hat sich also wie jedes andere Land angepasst. Grundsätzlich ist es sicher erfolgversprechender, mit einem Anliegen die entsprechende Person persönlich anzusprechen und die Bindung und somit die Zusammenarbeit zu verbessern. Die vorliegende Situation wird durch diese Antwortalternative jedoch nicht erläutert.

Erläuterungen zu d):
»Hallo« ist keine typisch schweizerische Anrede in einer E-Mail, vor allem nicht, wenn man sich kennt. »Hallo« klingt nicht gerade sehr freundlich im Gegensatz zu »Liebe Frau Kranz«. Frau Wagner ist also enttäuscht, dass sie nicht genauso nett begrüßt wird, wie sie selbst grüßt. »Hallo« klingt für einen Schweizer als Anrede relativ einfach und kühl. Dem Grad des Kennens der beiden Kollegen ist daher ein »Hallo« als Anrede nicht würdig. Mit dieser Antwort haben Sie den Kern der Sache getroffen.

■ Lösungsstrategie

Frau Kranz ist es aus Deutschland gewohnt, als Anrede in der E-Mail »Hallo« zu benutzen, wenn sie einen Kollegen gut kennt. Sie wundert sich sehr, dass ihre Schweizer Kollegin sie mit »Liebe Frau Kranz« anspricht, da sie dadurch einen sehr persönlichen Bezug herstellt, der laut Frau Kranz nicht existiert, da sie sich erst einmal begegnet sind. Da für Frau Kranz die Anrede nicht passend ist und zu persönlich wirkt, spricht sie Frau Wagner beim nächsten Zusammentreffen darauf an. Sie ist sehr überrascht, dass Frau Wagner etwas gekränkt reagiert. Anstelle Frau Wagner auf die Situation anzusprechen, hätte Frau Kranz die Anrede einfach »kopieren« und auch »Liebe Frau Wagner« schreiben sollen. Denn so hätte sie die Wertschätzung gegenüber ihrer Kollegin richtig ausgedrückt und den Grad der Vertrautheit dadurch bestätigt. Schließlich haben sie sich schon einmal persönlich kennengelernt.

Höflichkeit und Respekt spielen eine bedeutende Rolle in der Schweiz. Viele Deutsche, die einige Zeit in der Schweiz gelebt und gearbeitet haben, behaupten, dass die Schweizer eine viel freundlichere, zuvorkommendere Art haben als die Deutschen. Die Höflichkeit darf jedoch nicht mit Entgegenkommen verwechselt werden. Denn im Gegensatz zur Freundlichkeit, mit der man vertraute Menschen behandelt, ist die Höflichkeit stark durch gesellschaftliche Normen und Umgangsformen geprägt und drückt sich oft durch respektvolle Distanz aus. Eine Umgangsform in der Schweiz, die als oberstes Gebot der Höflichkeit gilt, ist das Grüßen. Es ist wichtig, mündliche und schriftliche Mitteilungen immer an den Grad des Kennens anzupassen, daher klingt das typisch deutsche »Hallo« als Begrüßung oder Anrede für einen Schweizer unfreundlich und unhöflich, weil es keine Wertschätzung dem anderen gegenüber ausdrückt.

Bei der E-Mail-Korrespondenz ist es normal, dass man sich mit »Sehr geehrte/r ...« anspricht. Hat man sich persönlich kennengelernt, passt man die Anrede dementsprechend an bzw. »kopiert« die Anrede des Schweizers.

■ Kulturelle Verankerung von »Wertschätzung«

Dieser Kulturstandard beschreibt die zentrale Position und Wertschätzung von Personen und beinhaltet den hohen Stellenwert einer persönlichen Beziehung zwischen Interaktionspartnern. Wertschätzung bezeichnet die positive Bewertung eines anderen Menschen und gründet auf eine innere Haltung anderen Personen gegenüber. Wertschätzung ist eher unabhängig von Taten oder Leistungen, auch wenn diese die Einschätzung über eine Person und damit wiederum die Wertschätzung beeinflussen. Wertschätzung ist verbunden mit Respekt, Wohlwollen und Anerkennung und drückt sich in Interesse, Aufmerksamkeit und Freundlichkeit aus.

Wichtige Elemente dieses Kulturstandards sind erstens, dass jedes geschäftliche Gespräch zunächst mit einem kurzen Austausch über persönliche Themen beginnt, und zweitens, dass man sich grüßt, auch wenn man einem Fremden auf der Straße begegnet. Früher war es nicht nur in der Schweiz so, dass man sich in der Gemeinde untereinander kannte und sich auch persönlich begrüßte. In der Großstadt hat sich das Leben zwar in der Zwischenzeit auch in der Schweiz anonymisiert, doch in einigen Gemeinden ist es immer noch an der Tagesordnung, dass man sich vor allem in kleinen Geschäften persönlich mit dem Namen anspricht. Jemanden persönlich anzusprechen, zeigt Interesse und Respekt gegenüber der anderen Person und sorgt für einen guten Umgang. Wenn man also jemanden öfter sieht und seinen Namen kennt, spricht man ihn auch mit Namen an, um ihm zu zeigen, dass er einem wichtig ist und man ihn wertschätzt.

Die Stammtischkultur, die Dichte der Vereine (27 % der Schweizer sind Vereinsmitglied, sie leisten im Schnitt 13 Stunden pro Monat Vereinsarbeit) und wiederum der Föderalismus tragen dazu bei.

■ Themenbereich 7: Zuständigkeitsdenken

■ Beispiel 18: Die Rücksendung

■ Situation

Frau Ernst arbeitet seit eineinhalb Jahren in einem Schweizer Pharmaunternehmen und leitet dort den Bereich Eigenprodukte-Entwicklung. Es werden Kapseln produziert, die an einen deutschen Kunden geliefert werden. Von dieser Produktion müssen Musterkapseln für Prüfungen eingelagert werden. Alle Mitarbeiter werden davon in Kenntnis gesetzt. Trotz der Information wird irrtümlich die komplette Produktion an den Kunden geliefert und es befinden sich keine Muster mehr im Unternehmen. Frau Ernst bittet ihre Schweizer Kollegin Frau Peter, die mit dem Kunden eng in Kontakt steht, ihn anzurufen und ihn darum zu bitten, dass er einige Kapseln zurückschickt, da sie ihm versehentlich die komplette Produktion geliefert haben. Frau Peter sagt, dass sie das nicht machen kann und Frau Ernst das bitte selbst erledigen müsste.

Warum nimmt Frau Peter nicht den Kontakt zum Kunden auf?

- Lesen Sie nun die Antwortalternativen nacheinander durch.
- Bestimmen Sie den Erklärungswert jeder Antwortalternative für die gegebene Situation und kreuzen Sie ihn auf der darunter befindlichen Skala an. Es ist möglich, dass mehrere Antwortalternativen den gleichen Erklärungswert besitzen.

■ Deutungen

a) Die Schweizer Kollegin Frau Peter ist zu beschäftigt, um diese Arbeit noch zusätzlich zu erledigen.

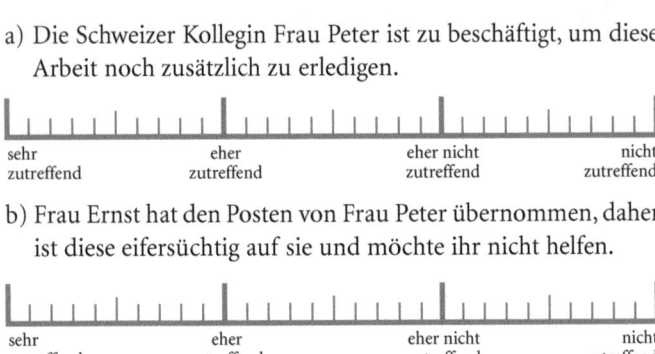

b) Frau Ernst hat den Posten von Frau Peter übernommen, daher ist diese eifersüchtig auf sie und möchte ihr nicht helfen.

c) Frau Peter ist es peinlich, den Kunden um etwas zu bitten und einen Fehler einzugestehen.

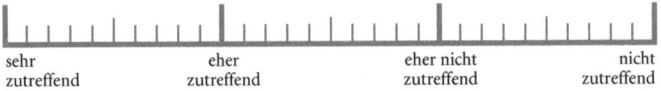

d) Frau Peter will Frau Ernst nicht helfen, weil diese mit ihrer forschen »deutschen« Art ihre Unterstützung einfordert und nicht höflich darum bittet.

– Versuchen Sie, Ihre Einstufung jeder Antwortalternative zu begründen. Halten Sie die Begründung stichpunktartig fest.
– Lesen Sie nun die Erläuterungen zu jeder Antwortalternative und vergleichen Sie diese mit Ihren eigenen Begründungen.

■ Bedeutungen

Erläuterungen zu a):
Es wäre aus Schweizer Sicht sehr unhöflich, ohne Erklärung der Gründe die Bitte um Unterstützung von Frau Ernst auszuschlagen. Es ist möglich, dass Frau Peter sehr beschäftigt ist und diese Aufgabe dadurch nicht annehmen kann. Allerdings gelten

Schweizer als sehr hilfsbereit und Frau Peter hätte sicherlich begründet, warum sie den Kontakt zum Kunden nicht aufnehmen kann. Diese Antwort kann das Verhalten von Frau Peter nicht ausreichend erklären.

Erläuterungen zu b):
In der Schweiz herrscht allgemein die Meinung, dass die Zuwanderer aus Deutschland die Schweizer von ihren Arbeitsplätzen verdrängen. »Einmarsch der Deutschen« oder »Deutsche lieben unsere Jobs«, mit diesen Überschriften kommentieren Schweizer Tageszeitungen die Einwanderungsstatistik. Deutsche sind die am schnellsten wachsende ausländische Bevölkerungsgruppe in der Schweiz und so kommt es schon zu Rivalitäten mit den Einheimischen, was aber in diesem Fall nicht relevant ist.

Erläuterungen zu c):
Frau Ernst leitet den Bereich Eigenprodukte-Entwicklung und trägt auch die Verantwortung für diesen Bereich. Für Frau Peter wäre es sehr schwierig und vor allem sehr unangenehm, vor dem Kunden einen Fehler einzugestehen, den sie nicht zu verantworten hat. Jemanden um etwas zu bitten, fällt einem Schweizer sehr schwer, vor allem wenn die Ursache eigenes Verschulden bzw. das Verschulden der Firma ist. Mit dieser Erklärung haben Sie den Grund für das in der Situation beschriebene Verhalten genau erfasst.

Erläuterungen zu d):
Dieser Deutung liegt ein gängiges Vorurteil zugrunde – die Deutschen sagen in der Regel direkt, was sie wollen, kommen sofort auf den Punkt und geben direkte Anweisungen im Arbeitsleben. Dies spricht gegen die höfliche und zurückhaltende Art der Schweizer. Die Annahme, Frau Ernst würde zu direkt und forsch die Unterstützung von Frau Peter fordern, wird aber in dieser Situationsbeschreibung nicht deutlich.

■ Lösungsstrategie

Frau Peter interpretiert das Verhalten von Frau Ernst völlig anders, als dies von Frau Ernst beabsichtigt war. Während es in Deutschland in der Regel selbstverständlich ist, dass die Person beim Kunden anruft, die das beste Verhältnis zu ihm hat, wird dies in der Schweiz anders gehandhabt, vor allem wenn es um das Eingestehen eines Fehlers geht. Frau Ernst ist in dieser Situation die zuständige Person und muss für ihre Mitarbeiter und den aufgetretenen Fehler geradestehen. Es ist ihre Aufgabe, beim Kunden anzurufen und um die Rücksendung einiger Musterkapseln zu bitten. Denn in der Schweiz herrscht die Meinung, dass nur der Zuständige das notwendige Wissen hat, sich in der Situation auskennt und die entsprechende Aufgabe gewissenhaft bearbeiten kann. Daher sollte Frau Ernst das Problem selbst lösen.

Eine weitere Möglichkeit wäre, dass Frau Ernst Frau Peter Gründe nennt, warum sie ihr helfen sollte, und welche Vorzüge es hätte, wenn sie als Bezugsperson den Kunden anruft.

Um als deutsche Führungskraft erfolgreich zu sein und solche Situationen zu vermeiden, ist es sehr wichtig, sich der Unterschiede zwischen der deutschen und der Schweizer Kultur zu vergewissern. In diesem Fall bedeutet das: Jemand, der nicht zuständig und verantwortlich ist, hat sich auch nicht darum zu kümmern. Alles andere würde für einen Schweizer, und in dieser Situation für Frau Peter, eine unangenehme Situation heraufbeschwören.

■ Beispiel 19: Die Daten

■ Situation

Frau Weber arbeitet seit zwei Jahren als Leiterin des Qualitätsmanagements in einem Schweizer Möbelunternehmen in Deutschland und hat täglich mehrmals Kontakt zu ihren Schweizer Kollegen im Stammhaus in Rapperswil am Zürichsee. Im Moment beschäftigt sie sich mit einem Projekt zum Thema Prozesse und Abläufe im Verkauf. Frau Weber muss dafür einige Daten zusammentragen, unter anderem auch Daten, die sich im Stammhaus in der Schweiz befinden. Frau Weber weiß nicht genau, wer für diese Daten zuständig ist, und fragt höflich per E-Mail bei ihrem Schweizer Kollegen Herrn Widmer an, ob er ihr die Daten zuschicken kann. Mit ihm hat Frau Weber schon häufiger zu tun gehabt und sieht ihn als zuverlässige Bezugsperson im Stammhaus in der Schweiz. Doch Herr Widmer meldet sich weder telefonisch noch per E-Mail bei Frau Weber.

Können Sie erklären, warum Herr Widmer die Daten nicht sendet und sich auch nicht bei Frau Weber meldet?

- Lesen Sie nun die Antwortalternativen nacheinander durch.
- Bestimmen Sie den Erklärungswert jeder Antwortalternative für die gegebene Situation und kreuzen Sie ihn auf der darunter befindlichen Skala an. Es ist möglich, dass mehrere Antwortalternativen den gleichen Erklärungswert besitzen.

■ Deutungen

a) Frau Weber behandelt Herrn Widmer ständig als Laufburschen und dieses Mal weigert er sich und hilft ihr nicht.

sehr zutreffend	eher zutreffend	eher nicht zutreffend	nicht zutreffend

b) Herr Widmer fühlt sich gekränkt, weil Frau Weber kein persönliches Gespräch mit ihm gesucht hat.

sehr zutreffend	eher zutreffend	eher nicht zutreffend	nicht zutreffend

c) Die Daten, die Frau Weber fordert, sind vertraulich und Herr Widmer möchte diese Informationen nicht herausgeben. Er ignoriert deshalb die Anfrage.

sehr zutreffend	eher zutreffend	eher nicht zutreffend	nicht zutreffend

d) Herr Widmer ist für die Daten nicht zuständig und will sich deshalb nicht einmischen.

sehr zutreffend	eher zutreffend	eher nicht zutreffend	nicht zutreffend

- Versuchen Sie, Ihre Einstufung jeder Antwortalternative zu begründen. Halten Sie die Begründung stichpunktartig fest.
- Lesen Sie nun die Erläuterungen zu jeder Antwortalternative und vergleichen Sie diese mit Ihren eigenen Begründungen.

Bedeutungen

Erläuterungen zu a):
Es gibt keine Anhaltspunkte dafür, dass Frau Weber Herrn Widmer ständig als Laufburschen behandelt. Im Gegenteil, Frau Weber sieht Herrn Widmer eher als zuverlässige, hilfsbereite Bezugsperson. Diese Antwortalternative ist nicht zutreffend.

Erläuterungen zu b):
Mit dieser Vermutung liegen Sie nicht ganz falsch. Hätte Frau Weber Herrn Widmer persönlich angerufen, hätte er ihr mit Sicherheit sehr höflich erklärt, dass er dafür nicht zuständig ist, ihr aber den Namen bzw. die Durchwahlnummer der zuständigen Person gegeben. Allerdings ist Herr Widmer nicht gekränkt, weil Frau Weber kein persönliches Gespräch mit ihm gesucht hat. Es gibt eine andere Antwortalternative, die das Verhalten von Herrn Widmer besser erklärt.

Erläuterungen zu c):
Frau Weber ist die Leiterin des Qualitätsmanagements und zuständig für das Projekt »Prozesse und Abläufe im Verkauf«. Auch wenn die Daten, die sie benötigt, vertraulich wären, hätte Frau Weber als Verantwortliche dieses Projekts auf jeden Fall das Recht, die Daten zu erhalten. Diese Antwort beschreibt den Grund für das Verhalten von Herrn Widmer nicht ausreichend.

Erläuterungen zu d):
In der Schweiz hat jeder Mitarbeiter einer Firma seinen klar definierten, abgegrenzten Aufgabenbereich, für den er zuständig ist. Er beschäftigt sich ausschließlich mit diesem Tätigkeitsbereich und führt die dort anfallenden Arbeiten aus. Herr Widmer ist in dieser Situation nicht zuständig für die entsprechenden Daten und ignoriert daher die E-Mail-Anfrage von Frau Weber.

■ Lösungsstrategie

Wenn Sie als deutscher Vorgesetzter sichergehen wollen, dass Ihre Anfrage bearbeitet wird, dann ist es ratsam, sich immer an den Zuständigen zu wenden, auch wenn die Suche nach diesem Mitarbeiter etwas länger dauert. Auch gute persönliche Kontakte zu den Schweizer Kollegen helfen hier nicht, schnellere Unterstützung zu erhalten. Denn in der Schweiz besteht wenig Anreiz, sich über die unmittelbare Zuständigkeit hinaus Gedanken über weiterführende Arbeitsabläufe zu machen. Im Gegensatz dazu werden in Deutschland jegliche anfallenden Aufgaben erledigt, auch wenn sie nicht direkt in den eigenen Zuständigkeitsbereich fallen, denn arbeitsplatzübergreifendes, vernetztes Denken ist an der Tagesordnung. In der Schweiz wird die Meinung vertreten, dass man sich nicht einmischt, wenn man nicht zuständig ist. Aus diesem Grund meldet sich Herr Widmer nicht bei Frau Weber und hält sich lieber aus diesem Thema heraus. In Deutschland wird dieses Verhalten negativ als Beamtenmentalität wahrgenommen. In der Schweiz geht man jedoch davon aus, dass die verschiedenen Stellen äußerst optimal kooperieren und kaum Fehler passieren, wenn jeder seinen Aufgabenbereich, für den er zuständig ist, gewissenhaft bearbeitet.

■ Kulturelle Verankerung von »Zuständigkeitsdenken«

Der Kulturstandard »Zuständigkeitsdenken« beschreibt die Beschäftigung mit einem definierten, abgegrenzten Tätigkeitsbereich, ohne weiterführende oder andere Personen betreffende Aufgaben zu bearbeiten. Dieser Kulturstandard hat seine Ursprünge in der Struktur des Staatsaufbaus. Als zentrales Element des nationalen Schweizer Selbstverständnisses gilt der Föderalismus. Das heißt, die einzelnen Kantone verfügen über hohe Eigenständigkeit und können die Bereiche, die nicht explizit dem Bund zugeordnet werden, selbstbestimmt bearbeiten. Die eigenständigen Kantone sind zu einer übergreifenden Gesamtheit, dem Gesamtstaat Schweiz, zusammengeschlossen.

Die Schweiz ist ein kleines, aber vielfältiges und vielsprachiges Land. Daher ist es sinnvoll, dass jeder Kanton selbstständig handeln und Entscheidungen, die den jeweiligen Kanton tangieren, treffen kann. Da dieses Organisationsprinzip seit Jahrzehnten in der Schweiz gut funktioniert, wird es auf das Arbeitsleben übertragen. Jeder ist für seinen klar abgegrenzten Aufgabenbereich zuständig, voll verantwortlich für die in diesem Bereich zu erledigenden Arbeiten und kein anderer hat sich in diese Bereiche einzumischen. Trotzdem existiert das übergeordnete Ziel, dass es dem gesamten Unternehmen gut gehen soll.

Themenbereich 8: Patriotismus

Beispiel 20: Die Fahne

Situation

Frau Müller arbeitet seit drei Monaten in einem großen Handwerksunternehmen in der Schweiz und leitet den Bereich Einkauf. Sie hat zusammen mit ihrer Schweizer Kollegin Frau Gerber ein Büro. Eines Morgens kommt Frau Müller ins Büro und entdeckt auf dem Schreibtisch von Frau Gerber ein Schweizer Fähnchen. Unter anderem steht auch eine Schweizer Tischflagge auf Frau Müllers Schreibtisch. Verwundert fragt sie ihre Kollegin Frau Gerber mit einem Lächeln: »Was ist denn heute los?« Frau Gerber blickt Frau Müller verständnislos an und arbeitet weiter.
Was mag der Grund für Frau Gerbers Verhalten sein?

- Lesen Sie nun die Antwortalternativen nacheinander durch.
- Bestimmen Sie den Erklärungswert jeder Antwortalternative für die gegebene Situation und kreuzen Sie ihn auf der darunter befindlichen Skala an. Es ist möglich, dass mehrere Antwortalternativen den gleichen Erklärungswert besitzen.

Deutungen

a) Frau Gerber will ihrer Kollegin Frau Müller zeigen, dass in diesem Büro Schweizer Regeln gelten und sie sich daran halten soll.

sehr zutreffend   eher zutreffend   eher nicht zutreffend   nicht zutreffend

b) Frau Gerber ist enttäuscht, da Frau Müller nicht weiß, dass der offizielle Nationalfeiertag vor der Tür steht und sie deshalb Schweizer Fahnen im Büro aufgestellt hat.

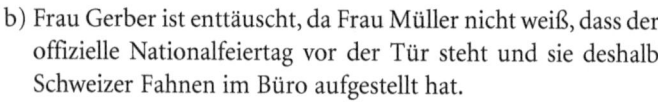

| sehr zutreffend | eher zutreffend | eher nicht zutreffend | nicht zutreffend |

c) Frau Gerber ist beleidigt, da ihr Frau Müller nicht zur zehnjährigen Betriebszugehörigkeit gratuliert, bei dem es Tradition ist, Schweizer Fähnchen bei sich selbst und bei den Kollegen auf dem Schreibtisch aufzustellen.

| sehr zutreffend | eher zutreffend | eher nicht zutreffend | nicht zutreffend |

d) Frau Müller hat die freundschaftliche Geste von Frau Gerber nicht verstanden, dass sie nun nach drei Monaten offiziell akzeptiert und im Betrieb integriert ist. Deshalb ist Frau Gerber gekränkt.

| sehr zutreffend | eher zutreffend | eher nicht zutreffend | nicht zutreffend |

- Versuchen Sie, Ihre Einstufung jeder Antwortalternative zu begründen. Halten Sie die Begründung stichpunktartig fest.
- Lesen Sie nun die Erläuterungen zu jeder Antwortalternative und vergleichen Sie diese mit Ihren eigenen Begründungen.

■ Bedeutungen

Erläuterungen zu a):
Die Schweizerin Frau Gerber würde die deutschen Verhaltensweisen von Frau Müller nicht auf diese Art und Weise kritisieren. Im Gegensatz zum deutschen Arbeitsalltag vermeidet der Schweizer Kritik und hebt eher die positiven Eigenschaften des Gegenübers hervor. In dieser Situation wird nicht deutlich, dass Frau Gerber ein Problem mit den Verhaltensweisen von Frau Müller hat.

Erläuterungen zu b):
Der 1. August ist der offizielle Nationalfeiertag in der Schweiz. Überall in der Schweiz wird der Entstehung der Eidgenossenschaft gedacht. Viele Menschen schmücken zur Vorbereitung auf den Feiertag ihr Zuhause und das Büro mit Schweizer Kantons- und Gemeindefahnen. Die Beflaggung der öffentlichen Gebäude, Straßen und Plätze ist an den meisten Orten sogar gesetzlich vorgeschrieben. An fast jedem Gebäude hängt die Schweizer Fahne, oft nicht nur zum Nationalfeiertag. Beim Einkaufen entdeckt man vom Gebäck bis hin zu Tassen alles mit dem Schweizer Kreuz verziert. Diese Erläuterung ist zutreffend.

Erläuterungen zu c):
In der Schweiz gibt es, wie in Deutschland, kein bestimmtes Ritual, eine zehnjährige Betriebszugehörigkeit zu feiern. Das wird von Unternehmen zu Unternehmen unterschiedlich gehandhabt. Ob es eine Bonuszahlung, ein Sachgeschenk oder ein freier Tag ist, hängt von der jeweiligen Firma ab. Dass die Person, die ein Jubiläum feiert, Schweizer Tischflaggen aufstellt, ist eher unwahrscheinlich.

Erläuterungen zu d):
Frau Gerber würde auf keinen Fall mit dem Aufstellen einer Schweizer Tischflagge auf Frau Müllers Schreibtisch zeigen, dass sie nun akzeptiert ist. Ein Schweizer würde ebenso wie ein Deutscher indirekt durch sein Verhalten zeigen, ob er jemanden akzeptiert oder nicht, allerdings niemals durch ein Symbol wie eine nationale Fahne. Grundsätzlich herrscht aber die Meinung vor, dass die Deutschen den Schweizern die Arbeitsplätze streitig machen und für weniger Geld arbeiten. In dieser Situation wird jedoch nichts darüber gesagt, wie das Verhältnis zwischen Frau Gerber und Frau Müller ist. Diese Antwortalternative stimmt so nicht.

■ Lösungsstrategie

Schweizer Kultur ist den Schweizern äußerst wichtig. Frau Müller hätte sich von vornherein über die Schweizer Kultur informieren sollen. Sie hätte wissen müssen, dass der Nationalfeiertag vor der Tür steht. Schweizer haben große Freude, am 1. August die Entstehung der Eidgenossenschaft zu feiern und dies mit vielen Festessen, Festansprachen, Feuerwerk und Höhenfeuern zu unterstreichen. Höhenfeuer, die über Täler und Berge hinweg leuchten, sind ein starkes Symbol der Zusammengehörigkeit. Die Eidgenossenschaft geht auf einen Schwur zurück. Im Jahr 1291 trafen sich drei Vertreter der drei Waldstätten Uri, Schwyz und Unterwalden auf der Rütliwiese, um ein Verteidigungsbündnis gegen die Österreicher und andere Feinde zu treffen. Um das Bündnis zu besiegeln, schwuren sie den »Rütlischwur«, den heute jeder von Kindesalter in der Schweiz kennt. Mit diesem Schwur hat alles begonnen und es gesellten sich mit der Zeit immer mehr Kantone friedlich zu den Urkantonen, bis sich die Schweiz, wie sie heute existiert, gebildet hatte. Dieses Ereignisses gedenken die Schweizer jedes Jahr am 1. August.

Schweizer sind stolz auf ihr Land und erwarten auch von anderen Respekt dafür. Ihre patriotische Einstellung drückt sich vorwiegend im Stolz auf ihre Werte wie Freiheit, Eigenständigkeit, Unabhängigkeit und Friedfertigkeit aus. Sie halten ihr Land unter anderem aufgrund der Landschaft und der neutralen Einstellung für äußerst attraktiv. Aus diesen Gründen sind sie der Meinung, dass sie ohne Probleme immer und überall die Schweizer Fahne schwingen dürfen. Als Deutscher darf man sich nicht daran stören und auch keine kritischen Bemerkungen machen über die Art und Weise, wie patriotisch der Nationalfeiertag in der Schweiz gefeiert wird.

■ Beispiel 21: Die Luftwaffe

■ Situation

Herr Weiß, ursprünglich aus Hamburg, ist seit einem Jahr Geschäftsführer eines Architekturbüros in der Schweiz. Jedes Jahr nimmt er mit zwei Mitarbeitern am Berner Architekten-Treffen teil. In der Pause geht er mit seinen Mitarbeitern und drei weiteren ihm bekannten Schweizer Architekten zum Mittagessen. Gesprächsthema während des Essens sind die neuesten technischen Innovationen. In diesem Zusammenhang wechselt der Schweizer Architekt Herr Steiner das Thema und beginnt von der Schweizer Luftwaffe zu schwärmen. Alle anderen stimmen ihm kopfnickend zu und es entsteht ein interessantes Gespräch. Herr Weiß hält sich anfangs zurück, kann sich allerdings nach einigen Anmerkungen über die Bewunderung der Luftwaffe seiner Schweizer Kollegen nicht mehr zurückhalten und sagt: »Nun ja, etwas veraltet ist die Luftwaffe ja schon.« Ab diesem Zeitpunkt verstummt das Gespräch und die Schweizer machen einen verärgertes Gesicht.

Was mag der Grund dafür sein, dass die Schweizer nichts mehr sagen?

– Lesen Sie nun die Antwortalternativen nacheinander durch.
– Bestimmen Sie den Erklärungswert jeder Antwortalternative für die gegebene Situation und kreuzen Sie ihn auf der darunter befindlichen Skala an. Es ist möglich, dass mehrere Antwortalternativen den gleichen Erklärungswert besitzen.

■ Deutungen

a) Die Schweizer Kollegen sprechen nicht weiter, da sich niemand mit Herrn Weiß über dieses Thema unterhalten möchte, denn als Deutscher hat er keine Ahnung von der Schweizer Luftwaffe.

sehr zutreffend   eher zutreffend   eher nicht zutreffend   nicht zutreffend

b) Die Schweizer sind der Meinung, dass ihre Luftwaffe völlig zeitgemäß ist, und akzeptieren daher die Kritik von Herrn Weiß nicht.

sehr zutreffend   eher zutreffend   eher nicht zutreffend   nicht zutreffend

c) Sich über die Armee zu unterhalten, ist ein Tabuthema in der Schweiz, wenn ein Ausländer mit am Tisch sitzt. Als sich Herr Weiß ins Gespräch einschaltet, fällt den Schweizern die Stilregel ein und alle schweigen.

| sehr zutreffend | eher zutreffend | eher nicht zutreffend | nicht zutreffend |

d) Die Schweizer wissen sehr genau, dass ihre Luftwaffe veraltet ist, fühlen sich nach dem Ausspruch von Herrn Weiß ertappt und trauen sich daher nicht mehr weiterzusprechen.

| sehr zutreffend | eher zutreffend | eher nicht zutreffend | nicht zutreffend |

– Versuchen Sie, Ihre Einstufung jeder Antwortalternative zu begründen. Halten Sie die Begründung stichpunktartig fest.
– Lesen Sie nun die Erläuterungen zu jeder Antwortalternative und vergleichen Sie diese mit Ihren eigenen Begründungen.

■ Bedeutungen

Erläuterungen zu a):
Wenn sich Herr Weiß als Deutscher noch nie mit der Schweizer Luftwaffe auseinandergesetzt hätte, könnte er diesen Ausspruch nicht tätigen. Tatsächlich wollen Schweizer bei einem Thema wie Militär und Luftwaffe keine Einmischung oder negativen Bemerkungen von außen und in diesem Fall nicht von Herrn Weiß. Allerdings gehen sie nicht grundsätzlich davon aus, dass er sich als Deutscher nicht mit der Schweizer Luftwaffe und dem Militärsystem auskennt. Es gibt eine andere Antwortalternative, die das Verhalten besser erklärt.

Erläuterungen zu b):
Die Schweizer Armee wird immer wieder reformiert, den Umständen entsprechend angepasst und erneuert, so auch die Luftwaffe. Wer die militärische Kraft der Schweiz in Frage stellt, zweifelt am Verteidigungswillen der Schweizer. Das trifft einen wunden Punkt. Die Schweizer sind besonders stolz auf ihre Luftwaffe, weil unter anderem die Piloten als besonders qualifiziert gelten und weil die Luftwaffe im Zweiten Weltkrieg die Grenze zu Deutschland eisern verteidigt hat. Diese Antwort erklärt das Verhalten der Schweizer am besten.

Erläuterungen zu c):
Sich über die Schweizer Armee zu unterhalten, ist absolut kein Tabuthema, wenn sich die Personen schon länger kennen, und widerspricht keinesfalls den Schweizer Stil- und Etikette-Regeln. Beim Smalltalk mit weniger bekannten Personen sollte allerdings nicht über das Schweizer Militär, die Neutralität der Schweiz oder über die beiden Weltkriege gesprochen werden. Themen, über die man in der Schweiz gern spricht, sind die Berge, Alphornbläser, Musikfestwochen sowie die zahlreichen Bau- und Kunstdenkmäler.

Erläuterungen zu d):
Die Schweizer sind keinesfalls der Meinung, dass ihre Luftwaffe veraltet ist. Im Gegenteil, sie sind sehr stolz darauf und verbinden mit Luftwaffe und Militär die Souveränität der Schweiz, die sie sich im Zweiten Weltkrieg erkämpft haben.

■ Lösungsstrategie

Viele Ausländer schmunzeln über die Schweizer Armee, da es aufgrund der Größe des Landes eine kleine Armee ist und sich somit die Frage stellt, was sie im Ernstfall ausrichten könnte. Diese Armee hat das Land jedoch bisher gut verteidigt. Schweizer sind äußerst stolz auf ihre Armee, die sie als Sicherheitsgarantie sehen, die sich bis heute bewährt hat. Die Schweiz ist das einzige Land Europas mit einem Milizsystem. Jeder mündige Bürger, der nicht aus gesundheitlichen, ethischen oder religiösen Gründen der Armee absagt, hat Militärdienst geleistet und ist bis ungefähr 50 Jahre »abrufbereit«. In der Schweiz verteidigt jeder Bürger mit seinem Willen Land, Leute und die Freiheit. Wer nun die militärische Kraft der Schweiz in Frage stellt, beleidigt den Schweizer persönlich, denn sein Stolz auf den Verteidigungswillen darf nicht angetastet werden. Herr Weiß würde sich richtig verhalten, wenn er die Luftwaffe der Schweiz anerkennt und sich nicht darüber lustig macht. Er sollte nachfragen, warum die Schweizer so stolz darauf sind, und sich dann die Vorzüge des Schweizer Militärs aufzählen und erklären lassen.

Die Schweizer haben eine kleine, aber feine Armee, auf die viele sehr stolz sind, was in Militärbüchern deutlich sichtbar wird. Zudem ist das Armeebild noch nicht zerstört worden wie in Deutschland, wo man geschichtsbedingt nicht unbedingt ein generell gutes Bild hat. Nach der älteren Geschichtsauffassung hat die Armee die Schweiz vor Nazideutschland bewahrt, deshalb ist sie zu ehren.

■ Kulturelle Verankerung von »Patriotismus«

Unter Patriotismus oder Vaterlandsliebe wird die emotionale Verbundenheit mit der eigenen Nation verstanden. Man identifiziert sich mit dem eigenen Land, schätzt die eigenen Traditionen, die kulturellen und historischen Werte und Leistungen des eigenen Volkes, ohne dadurch eine Abwertung anderer Nationen implizieren zu wollen. Der Schweizer Patriotismus ist stark ausgeprägt. Sichtbare Beispiele hierfür sind das vermehrt anzutreffende Schweizerkreuz auf Fahnen ebenso wie auf Produkten. Bis Mitte des 13. Jahrhunderts hatten die Schweizer nur eine rote Fahne ohne weißes Kreuz. Erst 1289 erhielten sie als Anerkennung von König Rudolf von Habsburg das Recht, im roten Feld die Kreuzigung Christi darzustellen. Das auch »heilig Rych« genannte Kreuzsymbol wurde auf die rote Fahne gemalt. Außerdem wird der Patriotismus beim Adjektiv »Schweizer« deutlich, da dieses Wort nicht wie in Deutschland klein, sondern immer großgeschrieben wird. Schweizer identifizieren sich stark mit ihrem Land und erwarten daher auch von Ausländern Respekt und Anerkennung gegenüber der Schweiz. Ein weiteres Beispiel ist der Stolz auf das Militär und insbesondere auf die Luftwaffe, weil sie im Zweiten Weltkrieg die Grenze zu Deutschland verteidigt und bewahrt hat. »[...] wir Soldaten schützen die Schweizfreiheit, die Füss an der Grenze stehen wir uns wund, und täten sie in den Leib uns hineinwachsen, verdorren und absterben, kein Fussellbogenbreit wanken wir von der Stelle« (Hinweis an die Schweizer Soldaten im Zweiten Weltkrieg in der Monatsschrift Nr. 85, 1941). Die Abgrenzung der Schweiz von anderen Ländern ist auch heute noch sehr bedeutend. Für die Schweizer hat die Unabhängigkeit gegenüber anderen Staaten einen hohen Wert. Ohne die Armee hätten die Grenzen nicht geschlossen werden können. Aus diesem Grund dürfen Schweizer Verteidigungsstrukturen und dabei besonders das Militär nicht kritisiert werden.

Die Schweizer fühlen sich nicht nur mit der gesamten Schweiz emotional sehr verbunden, sondern auch mit ihrem Heimatkanton und -ort. Dies wird als Kantönligeist oder Lokalpatriotismus bezeichnet und bedeutet, dass sich die einzelnen Kantone als eine Gemeinschaft sehen, die sich gegenüber den anderen Kantonen durch ihre kulturellen Eigenarten abgrenzen (Watts, 1996). Jeder Kanton hat seinen eigenen Dialekt, ein eigenes Schulwesen und Gerichtswesen. Sogar der Heimatschutz und Strafvollzug liegt teilweise in der Verantwortlichkeit eines jeden einzelnen Kantons. Den Schweizern ist ihr Heimatort bzw. -kanton lieb und teuer, deshalb ziehen sie ungern um. Da die Schweiz insgesamt ein sehr kleines Land mit 41.285 Quadratkilometern Fläche (kleiner als Niedersachsen) ist und daher jegliche Anfahrtswege kürzer sind, haben Schweizer auch ein anderes Verhältnis zu Distanzen entwickelt als beispielsweise Deutsche. Der Schweizer ist es gewohnt, dass er im Umkreis von wenigen Metern Seen, Berge, Erholungsparks und Einkaufsmöglichkeiten hat. Daher ist er weniger flexibel, was den Arbeitsweg betrifft. Er will nicht zu viel Zeit auf der Straße verbringen und möchte nahe am Arbeitsort leben, um mehr Zeit für die Familie und die Freizeit zu haben. Der Arbeitsmarkt in der Schweiz mit einer geringen Arbeitslosenquote bietet diese Möglichkeit.

Zusammenfassend lässt sich sagen, dass sich ein Schweizer zuerst auf der lokalen Ebene mit seiner Gemeinde oder Region identifiziert, bevor er sich mit der ganzen Schweiz identifiziert. Die Prägung durch die kleinräumig gegliederte Kultur kann dazu führen, dass das Große als Bedrohung empfunden wird und zunächst mit Widerstand reagiert wird, wie zum Beispiel gegenüber Deutschland. Nach außen jedoch ist es sogar französisch-, deutsch- und italienischsprachigen Bürgern möglich, sich als Bürger eines Landes zu empfinden und sich als Gemeinschaft von anderen Ländern abzuheben. Im Ausland ist man Schweizer und im Inland Aargauer oder Züricher. Ist das Land jedoch einer starken Bedrohung von außen ausgesetzt, wie etwa im Zweiten Weltkrieg, schließt man sich innerhalb der Schweiz zu einer starken Gemeinschaft zusammen und die Unabhängigkeit steht an erster Stelle. Die Schweiz zeichnet sich durch eine Gemeinschaftsbildung im Inneren mit einer verstärkten Abgrenzung nach außen aus.

Kurze Charakterisierung der Schweizer Kulturstandards

Konsensorientierung

- vor Besprechungen und Entscheidungen werden Gespräche mit allen Beteiligten geführt
- jede Meinung zählt, Minderheiten werden einbezogen
- Entscheidungen benötigen Zeit zur Vorbereitung

Schweizerdeutsch

- Schweizerdeutsch hat ein höheres Sozialprestige als Hochdeutsch
- Schweizerdeutsch gilt als Mittel zur Abgrenzung gegenüber Deutschland
- Hochdeutsch wird als Fremdsprache wahrgenommen

Gesicht wahren

- andere werden unter keinen Umständen vor den Kopf gestoßen
- Kritik wird nur unter vier Augen geäußert und sehr vorsichtig formuliert
- Loyalität und Wertschätzung gegenüber jeder Person und jeder Meinung

■ Etikette

- Höflichkeit gegenüber Mitmenschen und im Umgang miteinander
- es werden keine Befehle gegeben, sondern freundlich und neutral gesagt, welche Aufgaben anstehen
- Fehler dürfen nicht direkt angesprochen werden

■ Zurückhaltung

- mit Leistungen und Gegenständen wird nicht geprahlt
- man ist freundlich, aber mit einer gewissen Distanziertheit anderen gegenüber
- Beziehungen werden nur langsam aufgebaut

■ Wertschätzung

- Interesse, Aufmerksamkeit und Freundlichkeit gegenüber Mitmenschen
- jedes Gespräch beginnt mit einem Austausch über persönliche Themen
- Einladungen sollten nicht ausgeschlagen werden

■ Zuständigkeitsdenken

- Beschäftigung mit einem definierten, abgegrenzten Tätigkeitsbereich
- Aufgaben werden nur von der zuständigen Person bearbeitet
- nur die zuständige Person ist verantwortlich

■ Patriotismus

- emotionale Verbundenheit mit dem eigenen Land und dem eigenen Kanton
- Respekt und Anerkennung gegenüber der Schweiz, den Menschen und den Produkten
- Traditionen werden geschätzt

■ Informationen zur Schweiz

■ Landeskunde

Geografie: Die Schweiz hat eine Gesamtfläche von insgesamt 41.285 Quadratkilometer und ist somit kleiner als das deutsche Bundesland Niedersachsen. Die Schweiz hat im Norden eine Grenzlänge von 346 Kilometer zu Deutschland, die zum größten Teil vom Rhein gebildet wird. Im Osten grenzt die Schweiz an Österreich und an das Fürstentum Liechtenstein, im Süden an Italien und im Westen an Frankreich. Die Schweiz lässt sich in fünf landschaftliche Großräume einteilen: den Jura, das Mittelland, die Voralpen, die Alpen und die Alpensüdseite.

30 % der Landoberfläche der Schweiz sind bewaldet. In den Alpen gibt es vorwiegend Nadelhölzer, im Mittelland, im Jura und auf der Alpensüdseite wachsen Laubmischwälder und Laubwälder. Im Tessin gibt es Kastanienwälder und im Süden des Tessins wachsen sogar Palmen. Der größte Anteil des unbebauten Landes dient der Erzeugung von Nutzpflanzen.

Klima: Nördlich der Alpen herrscht gemäßigtes, mitteleuropäisches Klima und südlich der Alpen ist es mediterran. Die Vielfalt der Schweiz ist auch in klimatischer Hinsicht spürbar. Eine wichtige Rolle spielen die Alpen, die als Klimaschranke wirken und dazu führen, dass sich das Wetter nördlich der Alpen häufig vom Wetter in der Südschweiz unterscheidet. Auch die Jahreszeiten sind deutlich unterscheidbar. Im Sommer steigt die Temperatur auf maximal 25 bis 30 Grad, in heißen Sommern manchmal über 30 Grad. Die Temperaturen in der Schweiz sind jedoch abhängig von der jeweiligen Höhenlage des Ortes.

Land und Leute: Die Bevölkerungsdichte in der Schweiz, berechnet aus Einwohnerzahl (7,8 Mio.) und Fläche ergibt 173 Einwohner pro Quadratkilometer. Die Schweiz ist eines der am dichtesten bevölkerten Länder der ganzen Welt. Regionale Bräuche haben in der gesamten Schweiz eine hohe Wichtigkeit. Viele lokale Bräuche wie Hornussen, Fahnenschwingen und Schießen werden an den zahlreichen Volksfesten gepflegt. Jede Region hat ihre eigenen Volksfeste. Die bekanntesten jährlich wiederkehrenden Feste sind: die Basler Fastnacht, der Berner Zibelemärit, die Fête des Vendanges in Neuenburg und das Sächsilüüte in Zürich.

Während des Krieges in Bosnien und Herzegowina nahm die Schweiz fast 30.000 Schutzsuchende auf, während des Kosovo-Konfliktes waren es ca. 53.000. Der Zustrom von Menschen aus ländlichen Gebieten Südosteuropas führte zu gesellschaftspolitischen Spannungen, besonders wegen der schwierigen kulturellen Integration der Flüchtlinge.

Sprache: Die Landessprachen in der Schweiz sind Deutsch, Französisch, Italienisch und Rätoromanisch. Für 63,7 % der Schweizer Gesamtbevölkerung ist Deutsch die Amtssprache, allerdings werden eher Schweizerdeutsche Dialekte gesprochen, geschrieben wird in der Regel jedoch auf Hochdeutsch. Französisch wird von 20,4 % der Bevölkerung gesprochen. Dieser Teil des Landes wird als Romandie, Suisse romande oder Welschland bezeichnet. Im Kanton Tessin und in vier Südtälern des Kantons Graubünden wird Italienisch (6,5 %) gesprochen. Die vierte Landessprache, Rätoromanisch, hat einen Anteil von 0,5 % und wird in Graubünden gesprochen. Die einzelnen Kantone bestimmen ihre Amtssprache selbst, da sie nicht von der Bundesverfassung festgelegt wird. In der Schule lernen die Schweizer eine zweite Landessprache und Englisch. Durch die hohe Zuwanderungsrate sprechen mittlerweile viele Einwohner andere Sprachen als die Landessprachen. Von diesen ist das Serbisch-Bosnisch-Kroatische am weitesten verbreitet.

Religion: Die Schweizer Bevölkerung ist hauptsächlich römisch-katholisch (41 %) und evangelisch-reformiert (40 %). Die übrigen 19 % sind entweder in Freikirchen, gehören zu anderen Religionsgemeinschaften oder sind ohne Religionszugehörigkeit. Die Religionsfreiheit in der Schweiz ist als verfassungsmäßiges Grundrecht verankert. Die Kantone können selbst entscheiden, ob sie ausgewählten Religionsgemeinschaften den Status einer

Landeskirche verleihen wollen. In den meisten Kantonen haben die römisch-katholische und die evangelisch-reformierte Kirche, in vielen Kantonen zusätzlich die Christkatholische Kirche diesen Status.

Kunst, Musik und Literatur: Die Schweiz wird gemeinhin nicht als eine der großen Musiknationen betrachtet. In der traditionellen Schweizer Kultur hat die Schweizer Volksmusik, die zur Alpenländischen Volksmusik gehört, einen hohen Stellenwert. Das Jodeln, das oft als typisch für die Schweiz angesehen wird, war ursprünglich auf einige Bergregionen beschränkt. Das Alphorn, ein trompetenähnliches Blasinstrument aus Holz, war vor dem Aufkommen des Tourismus nicht sehr weit verbreitet, hat sich aber zusammen mit der Handorgel, die in der Schweiz auch Schwiizerörgeli genannt wird, und dem Jodeln als Inbegriff der Schweizer Volksmusik durchgesetzt. Die Schweiz ist das Land mit den meisten Open-Air-Veranstaltungen der Welt. In Luzern findet jährlich eines der renommiertesten internationalen Musikfestivals, das Lucerne Festival, statt. Das Montreux Jazz Festival ist ebenfalls besonders bekannt. Bekannt ist die Schweiz des Weiteren für die Zürcher Street Parade – die weltweit zweitgrößte Techno-Veranstaltung. Seit den späten Siebzigerjahren etablierte sich in der Deutschschweiz mehr und mehr die Pop-/Rockmusik mit Dialekttexten. Heute finden sich Mundarttexte in allen Bereichen der Musik.

Da die Schweiz vier Landessprachen besitzt, unterscheidet man in der Literatur oft vier Bereiche, die Literatur der deutschsprachigen, französischsprachigen, italienischsprachigen und rätoromanischen Schweiz. Es gibt viele Werke, die im ganzen deutschen Sprachraum bekannt sind, zum Beispiel jene von Friedrich Dürrenmatt, Max Frisch, Hermann Hesse und Gottfried Keller. Die bekannteste literarische Darstellung der Schweiz stammt allerdings nicht von einem Schweizer, sondern von Friedrich Schiller, der 1803 bis 1804 das Schauspiel »Wilhelm Tell« schrieb. Das weltweit bekannteste Buch aus der Schweiz ist »Heidi« von Johanna Spyri aus dem Jahr 1880. Es gehört zu den bekanntesten Kinderbüchern und zu den am meisten übersetzten Büchern der Welt. Johanna Spyri schuf darin ein noch heute weit verbreitetes romantisches und idealtypisches Bild der Schweiz.

■ Geschichte

Die Schweizer Geschichte hängt eng mit der Geographie des Landes zusammen, welche die Entwicklung der Gesellschaft entscheidend beeinflusst hat. Die ältesten Spuren, die menschliche Existenz in der Schweiz beweisen, stammen von vor 150.000 Jahren. Die Schweiz durchlief eine ähnliche Entwicklung wie das übrige Europa. Die ersten Jahrhunderte waren geprägt von Migrationsbewegungen, so dass das Gebiet der heutigen Schweiz von verschiedenen Völkern besiedelt wurde. Das Christentum breitete sich vorwiegend durch Missionare aus und die Kirche mit ihren Klöstern wurde zu einem der wichtigsten Landbesitzer. Für kurze Zeit kontrollierte der Frankenkönig Karl der Große einen bedeutenden Teil Westeuropas, jedoch gab es noch keine Staatsidee.

Das Jahr 1291 wird traditionsgemäß als Gründungsjahr der Schweizerischen Eidgenossenschaft betrachtet (Bundesbrief). Am 1. August 1291 entstand die Alte Eidgenossenschaft als loses Bündnis der drei Talschaften Uri, Schwyz und Unterwalden am Vierwaldstättersee in der Zentralschweiz. Man lehnte sich gegen die Vögte der Grafen von Habsburg auf. Ziel war nicht eine Loslösung vom Deutschen Reich, sondern die Rückgewinnung bzw. Verlängerung alter Autonomierechte. Die Erweiterung der Eidgenossenschaft ging unterschiedlich vor sich. Einige Gebiete traten der Eidgenossenschaft freiwillig und als gleichberechtigte Mitglieder bei, andere wurden mehr oder weniger gewaltsam erobert. Die Rechte der Einwohner waren von der Region, in der sie wohnten, und von ihrer gesellschaftlichen Position abhängig. Die Mitglieder der Eidgenossenschaft verwalteten vorwiegend die Angelegenheiten ihrer Region.

Das 16. Jahrhundert war in ganz Westeuropa geprägt von der Reformation. Ausgelöst durch den Dreißigjährigen Krieg zeichnete sich im 17. Jahrhundert die Entwicklung zur modernen Schweiz ab. Während weite Teile Europas an diesem Krieg beteiligt waren, blieb die Eidgenossenschaft neutral. Damit wurde den einzelnen Mitgliedern klar, dass es für sie von Vorteil war, trotz der inneren Differenzen zusammenzuhalten, um nicht in große europäische Konflikte hineingezogen zu werden. Sie bekannten sich außerdem gemeinsam zur bewaffneten Neutralität, damit

Grenzverletzungen durch Kriegsparteien verhindert werden konnten. Eine wichtige Folge des Dreißigjährigen Kriegs war auch die Unabhängigkeit vom Heiligen Römischen Reich, die im Westfälischen Friedensvertrag festgehalten wurde. Die Schweiz war jedoch trotz dieser Einigungen kein Ort des Friedens. In der zweiten Hälfte des 17. Jahrhunderts wurden soziale und religiöse Konflikte oft in bewaffneten Auseinandersetzungen gelöst.

Das 18. Jahrhundert war eine relativ friedliche Zeit. Erst im letzten Jahrzehnt kam Unruhe in die Eidgenossenschaft, als französische Revolutionstruppen einmarschierten und das politische System zerstörten. Allerdings war dieses Jahrhundert geprägt von großen Fortschritten in Landwirtschaft und Industrie, vor allem die Textil- und Uhrenindustrie. Außerdem entstanden im ganzen Land viele intellektuelle und patriotische Gesellschaften. Die Intellektuellen pflegten einen regen Gedankenaustausch mit Kollegen aus dem Ausland. Gleichzeitig vertraten sie einen nationalen Patriotismus, der sich vom weit verbreiteten, auf ein Kantonsgebiet beschränkten Lokalpatriotismus unterschied. Als Folge der Französischen Revolution endete das Jahrhundert in ganz Europa mit Protestbewegungen gegen die europäischen Monarchien. 1798 fielen französische Truppen in der Schweiz ein, zerstörten die Macht der Führungseliten und vorübergehend auch das kantonale System und errichteten die zentralistische Helvetische Republik. Zum ersten Mal in der Geschichte war die Schweiz gezwungen, ihre Neutralität aufzugeben und sich dem französischen Einfluss zu unterwerfen.

Der Grundstein für die moderne Schweiz wurde im 19. Jahrhundert gelegt. Das wichtigste Ereignis war zweifellos die Annahme der Verfassung von 1848, welche dem Land eine zentralistischere Form gab und einen einzigen Wirtschaftsraum schuf, der den kantonalen Rivalitäten ein Ende setzte und so eine wirtschaftliche Entwicklung ermöglichte. Unter anderem schaffte die Regierung die internen Zölle ab, vereinheitlichte Währung, Maße und Gewichte. Diese Voraussetzungen ermöglichten die Entwicklung verschiedener Industriezweige und Dienstleistungen wie Chemie-, Maschinen-, Nahrungsmittelindustrie und Bankwesen, die bis heute die Säulen der Schweizer Wirtschaft darstellen. Trotz dieser Fortschritte war das 19. Jahrhundert eine schwierige Zeit für viele Menschen in der Schweiz. Armut, Hunger und schlechte Arbeitsaussichten führten zu einer großen Auswanderungswelle.

Das 20. Jahrhundert war geprägt von bedeutenden Entwicklungen auf den unterschiedlichsten Gebieten. Wirtschaftlich gab es große Veränderungen. Das Agrarland Schweiz entwickelte sich zu einem Industriestaat, was zur Folge hatte, dass mehr Menschen ein- als auswanderten. Der Lebensstandard der meisten Schweizer erhöhte sich beträchtlich. Die Arbeitsbedingungen und die soziale Sicherheit wurden immer besser und das Warenangebot immer reichhaltiger. Mit der Entwicklung der Exportwirtschaft änderte sich auch das Verhältnis zu Europa und dem Rest der Welt. Politisch blieb die Schweiz neutral und beteiligte sich nicht aktiv an den beiden Weltkriegen. Während des Ersten Weltkriegs bewahrte die Schweiz die bewaffnete Neutralität. Der Schlieffen-Plan der Deutschen sah vor dem Krieg vor, Frankreich über Belgien und nicht etwa über die Schweiz hinweg anzugreifen. Obwohl französische und italienische Pläne bestanden, die Mittelmächte mittels Durchmarsch durch die Schweiz zu attackieren, blieb die Schweiz von militärischen Übergriffen auf ihr Land verschont. Nach dem Ausbruch des Zweiten Weltkriegs berief sich die Schweiz erneut auf die bewaffnete Neutralität. Von kriegerischen Aktivitäten blieb die Schweiz während des Zweiten Weltkriegs zwar wiederum weitgehend verschont, aber nicht gänzlich unberührt. Neben deutschen Luftraumverletzungen in der ersten Kriegsphase führte der Bombenkrieg der Alliierten bis Kriegsende zu ständigen Überflügen und versehentlichen Bombardierungen von Schweizer Städten und Dörfern.

Die Neutralität war immer wieder Gegenstand heftiger Diskussionen. Vor allem die Fragen nach der europäischen Integration der Schweiz und der allgemeinen Globalisierung stellten das Abseitsstehen der Schweiz immer wieder in Frage.

■ Politik und Wirtschaft

Die Schweiz ist ein republikanisch verfasster Bundesstaat. Sie unterscheidet sich von anderen Republiken dadurch, dass das Volk direkten Einfluss auf die Regierung nehmen kann. Die Staatsgewalt, gestützt auf die Bundesverfassung der Schweizerischen Eidgenossenschaft, ist in drei Säulen gegliedert: den Nationalrat als Vertreter des Volkes sowie den Ständerat als Vertreter der Kantone, den Bundesrat mit der Verwaltung und das Bundesgericht. Parteien mit Vertretern im Bundesrat sind die Schweizerische Volkspartei (SVP), die Sozialdemokratische Partei der Schweiz (SP), die FDP, die Christlichdemokratische Volkspartei (CVP), die Grüne Partei sowie die Bürgerlich-Demokratische Partei (BDP).

Die Schweiz besteht aus insgesamt 26 Kantonen und weist im europäischen Vergleich einen ausgeprägten Föderalismus auf, das heißt, die einzelnen Kantone verfügen über eine gewisse Eigenständigkeit, sind aber trotzdem zu einer übergreifenden Gesamtheit zusammengeschlossen.

Das Frauenstimmrecht in der Schweiz wurde durch eine eidgenössische Abstimmung erst am 7. Februar 1971 eingeführt. Die Schweiz war somit eines der letzten europäischen Länder, welches seiner weiblichen Bevölkerung die vollen Rechte als Bürger zugestand, doch es war das erste Land, in dem dies durch eine Volksabstimmung des männlichen Teils der Bevölkerung geschah. Bis zur Einführung des Frauenstimmrechts in allen Kantonen vergingen allerdings noch 20 Jahre. Am 27. November 1990 gab das Bundesgericht einer Klage von Frauen aus dem Kanton Appenzell Innerrhoden Recht und bestätigte damit die Verfassungswidrigkeit der Innerrhoder Kantonsverfassung in diesem Punkt. So führte Appenzell Innerrhoden als letzter Kanton das Stimmrecht für Frauen auf kantonaler Ebene ein, entgegen einem Mehrheitsentscheid der Männer. Der Hauptgrund für die vergleichsweise späte Umsetzung liegt im politischen System der Schweiz. Bei Vorlagen, welche die Verfassung betreffen, entscheidet allein das stimmberechtigte Volk zusammen mit den Kantonen.

Die Schweiz versteht sich als außenpolitisch neutral und ist Mitglied in vielen internationalen Organisationen. Als eines der letzten Länder trat die Schweiz 2002 der UNO bei, ist aber zugleich das erste Land, dessen Volk über den Beitritt abstimmen durfte. Daneben ist die Schweiz in der OSZE, dem Europarat wie auch in der EFTA tätig, nimmt an der Partnerschaft für den Frieden der

NATO teil und ist Mitglied im UN-Menschenrechtsrat. Die Schweiz ist weder Mitglied der Europäischen Union (EU) noch des Europäischen Wirtschaftsraumes (EWR). Jedoch bestehen wichtige bilaterale Verträge zwischen der Schweiz und der EU.

Die Schweiz gehört zu den wohlhabendsten Ländern der Welt und liegt mit einem BIP von 491 Milliarden US-Dollar an 19. Stelle, berechnet nach dem BIP je Einwohner mit 67.560 US-Dollar sogar an vierter Stelle. Im Global Competitiveness Report 2009–2010 des Weltwirtschaftsforums, das die Wettbewerbsfähigkeit von Ländern misst, rangiert die Schweiz auf dem ersten Platz vor den Vereinigten Staaten und Singapur. Die Wirtschaft der Schweiz gilt als eine der stabilsten Volkswirtschaften der Welt. Als Erfolgsfaktor gilt insbesondere die Preisstabilität. Die wertvollsten Marken und Unternehmen aus der Schweiz sind Nescafé (Nestlé), Credit Suisse, UBS und Zurich. Der größte Teil des BIP wird im sekundären und tertiären Sektor erwirtschaftet.

Im sekundären Sektor dominieren die Uhrenindustrie, der Maschinenbau und die Textilindustrie. Bekannt ist die Schweiz zudem für die Herstellung von Präzisionsinstrumenten und -apparaten sowie für die Chemie- und Pharmaindustrie und die Nahrungsmittelherstellung. Immer wichtiger wird auch die Medizintechnik. Der tertiäre Sektor zählt bei weitem die meisten Erwerbstätigen. Dominant sind der Handel, das Gesundheits- und Bildungswesen sowie das Banken- und das Versicherungswesen.

■ Leben in der Schweiz

Bevor Sie in die Schweiz reisen, gibt es noch einige wichtige Dinge, auf die Sie sich vorbereiten sollten.

Die Aufteilung der Schweiz in mehrere Sprach- und Kulturregionen macht es schwierig, von einer einheitlichen Schweizer Kultur zu sprechen. Die drei größeren Sprachregionen werden von den jeweiligen Nachbarländern stark beeinflusst. Es gibt aber auch eine Vielzahl von kulturellen Eigenheiten, die allein für die Schweiz typisch sind oder im Ausland als typisch schweizerisch angesehen werden. Dazu gehören unter anderem die Schweizer Bankenkultur, Schweizer Uhren, Käse und Schokolade.

Vor allem für Deutsche hat sich die Schweiz immer stärker zu einem attraktiven Land in Sachen Karriere entwickelt. Was viele dabei außer Acht lassen, ist, dass die Schweiz eine höhere Zuwanderungsrate als die Einwanderungsländer USA und Kanada hat. Und gerade der Umgang mit Deutschen fällt vielen Schweizern schwer. Der Grund dafür ist, dass aus Deutschland immer mehr Fach- und Führungskräfte in die Schweiz ziehen und dort entsprechende Positionen in den Schweizer Unternehmen übernehmen. Rund 58 Prozent der deutschen Einwanderer besitzen einen Hochschulabschluss. Und dass die Topjobs eben oftmals durch Ausländer besetzt werden, scheint einige Schweizer zu stören und weckt die Angst, den eigenen sozialen Status zu verlieren. »Die Deutschen sind da! Und sie sind überall: In Chefetagen, in Krankenhäusern, Universitäten, auf Baustellen.« So ähnlich klingt manche Schlagzeile in Schweizer Zeitungen. In einer Umfrage vom Meinungsforschungsinstitut IHA-GfK Schweiz von 2008 wurden Schweizer befragt, welches ihrer Nachbarländer sie am sympathischsten finden. Deutschland lag auf dem vorletzten Platz hinter Italien, Österreich und Frankreich. Nur Liechtenstein ist den Schweizern noch unsympathischer als Deutschland. Daher kann sich das Zusammenleben mit den Schweizern manchmal etwas schwierig gestalten. Wer also zum Arbeiten in die Schweiz geht, sollte sich schon einmal bewusst werden, dass die Deutschen viel weniger beliebt sind, als sie selbst glauben. Allerdings sind der Hälfte der befragten Schweizer die Bewohner des »großen Kantons« Deutschland sehr sympathisch – eine Sympathie, die meist auf Gegenseitigkeit beruht.

Zusammengefasst in einem Satz beschreibt der Schweizer Literaturwissenschaftler Adolf Muschg das Leben in der Alpenrepublik so: »In der Schweiz ist übrigens alles schöner und besser.«

■ Literaturempfehlungen

Bichsel, P. (1997). Des Schweizers Schweiz. Frankfurt a. M.: Suhrkamp.
Es gibt kaum einen Schweizer Autor der Gegenwart, der mit dem eigenen Land härter ins Gericht geht als Peter Bichsel. In seinem Werk »Des Schweizers Schweiz« macht er von der Möglichkeit Gebrauch, zu schweizerischen Verhältnissen und Themen Stellung zu nehmen.
Brück, F., Recknagel, A. (2002). Interkulturelles Management. Kulturvergleich Österreich – Deutschland – Schweiz. Berlin: Iko-Verlag für Interkulturelle Kommunikation.
Ein Buch mit vielen Anknüpfungspunkten nicht nur für internationale Manager und interkulturelle Trainer, sondern für all jene, die mehr über die kulturellen Hintergründe des Verhältnisses zwischen Deutschland, Österreich und der Schweiz erfahren möchten.
Schroll-Machl, S. (2007). Die Deutschen – Wir Deutsche. Göttingen. Vandenhoeck & Ruprecht.
Das Buch wendet sich an deutsche Expatriates, die mit fremdkulturellen Partnern im Geschäftskontakt stehen. In diesem Werk erfahren Sie, wie unsere nichtdeutschen Partner uns erleben.

■ Internetseiten

Schweizer Botschaft: http://www.eda.admin.ch
Deutsche Botschaft in der Schweiz: http://www.bern.diplo.de/
Auswärtiges Amt: http://www.auswaertiges-amt.de
Deutsch-Schweizer Handelskammer: http://www.handelskammer-d-ch.ch

Bundesamt für Statistik Schweiz: http://www.bfs.admin.ch

■ Informationen über Wirtschaft in der Schweiz

http://www.businessculture.com

■ Allgemeine Informationen über die Schweiz

http://www.swissworld.org
http://www.schweiz.org
http://www.schweizinfo.ch
http://www.tour-de-suisse.net
http://www.Schweizerseiten.ch
http://www.lonelyplanet.de/reiseziele/europa/schweiz

■ Informationsseite für Expatriates

http://www.expatexchange.com

■ Literatur

Albert, R. D. (1983). The Intercultural Sensitizer or Culture Assimilator. In D. Landis, R. W. Brislin (Eds.), Handbook of Intercultural Training. Volume II: Issues in Training Methodology (pp. 186–217). New York: Pergamon.

Bichsel, P. (1997). Des Schweizers Schweiz. Frankfurt a. M.: Suhrkamp.

Layes, G. (2000). Grundformen des Fremderlebens. Eine Analyse von Handlungsorientierungen in der interkulturellen Interaktion. Münster: Waxmann Verlag.

Linder, W., Lanfranchi, P., Weibel, E. R. (Hrsg.) (1996). Schweizer Eigenart – eigenartige Schweizer. Bern: Haupt.

Lötscher, A. (1983). Schweizerdeutsch. Geschichte, Dialekte, Gebrauch. Frauenfeld: Huber.

Mayr, S., Thomas, A. (2008). Beruflich in Frankreich. Göttingen: Vandenhoeck & Ruprecht.

Rubatos, A., Thomas, A. (2011). Beruflich in Rumänien. Göttingen: Vandenhoeck & Ruprecht.

Rusterholz, P., Facon, E. (1996). Kulturelle Aspekte Schweizerischer Identität. In W. Linder, P. Lanfranchi, E. R. Weibel (Hrsg.) (1996). Schweizer Eigenart – eigenartige Schweizer (S. 291–298). Bern: Haupt.

Thomas, A. (1993). Kulturvergleichende Psychologie. Eine Einführung. Göttingen: Hogrefe.

Thomas, A. (Hrsg.) (1996). Psychologie interkulturellen Handelns. Göttingen: Hogrefe.

Thomas, A. (2000). Forschungen zur Handlungswirksamkeit von Kulturstandards. Kultur, Handlung, Interpretation – Zeitschrift für Sozial- und Kulturwissenschaften, 9 (2), 231–279.

Thomas, A. (2003a). Analyse der Handlungswirksamkeit von

Kulturstandards. In A. Thomas (Hrsg.), Psychologie interkulturellen Handelns (S. 107–136). Göttingen: Hogrefe.

Thomas, A. (2003b). Interkulturelle Kompetenz. Grundlagen, Probleme und Konzepte. Erwägen – Wissen – Ethik, 14 (1), 137–150.

Thomas, A. (2003c). Psychologie interkulturellen Lernens und Handelns. In A. Thomas (Hrsg.), Kulturvergleichende Psychologie (S. 433–485). Göttingen: Hogrefe.

Thomas, A. (2009). Interkulturelles Training. In Gruppendynamik & Organisationsberatung 2 (S. 129–152). Wiesbaden: VS Verlag.

Thomas, A., Kammhuber, S., Schroll-Machl, S. (2003). Handbuch interkulturelle Kommunikation und Kooperation. Band 2: Länder, Kulturen und interkulturelle Berufstätigkeit. Göttingen: Vandenhoeck & Ruprecht.

Thomas, A., Kinast, E.-U., Schroll-Machl, S. (Hrsg.) (2003). Handbuch interkulturelle Kommunikation und Kooperation, Band 1: Grundlagen und Praxisfelder. Göttingen: Vandenhoeck & Ruprecht.

Watts, R. J. (1996). Schweizerische Identität und der Schweizerische Beitrag an Europa: Aus der Sicht eines Ausländers. In W. Linder, P. Lanfranchi, E. R. Weibel (Hrsg.) (1996), Schweizer Eigenart – eigenartige Schweizer (S. 129–142). Bern: Haupt.

Weibel, E. R., Feller, M. (Hrsg.) (1992). Schweizerische Identität und Europäische Integration. Bern: Haupt.